जाति उन्मूलन

जाति उन्मूलन

श्री गांधी
को उत्तर के साथ

डॉ. बी. आर. अम्बेडकर

तीसरा प्रकाशन

KALPAZ

भारत में सन् 2025 में प्रकाशित

कल्पाज पब्लिकेशन
सी-30, सत्यवती नगर,
दिल्ली-110052

वेब साइट: www.kalpazpublications.com
ई-मेल: kalpaz@hotmail.com

Distribution Network
gyanbooks.com
India, USA, Canada, UK, Australia, France

जाति उन्मूलन

अनुवादक: सैयद इखलाक हुसैन

ISBN: 978-93-5722-820-6 (PB)

मुद्रित: ज्ञान प्रेस, दिल्ली

अनुक्रम

प्रस्तावना

12 दिसंबर, 1935 को मुझे जात–पात–तोड़क मंडल के सचिव श्री संत राम का निम्नलिखित पत्र मिलाः

मेरे प्रिय डाक्टर साहब,

5 दिसंबर के आपके दयालु पत्र के लिए बहुत–बहुत धन्यवाद। मैंने आपकी अनुमति के बिना इसे समाचारपत्र के लिए जारी कर दिया है, जिसके लिए मैं आपसे क्षमा चाहता हूँ, क्योंकि मुझे इसे प्रचारित करने में कोई बुराई नहीं दिखी। आप एक महान विचारक हैं, और मेरा यह सुविचारित मत है कि जाति की समस्या का जितना गहराई से आपने अध्ययन किया है, उतना किसी और ने नहीं किया। आपके विचारों से मैंने हमेशा स्वयं को और अपने मंडल को लाभ पहुँचाया है। मैंने क्रांति में कई बार इसकी व्याख्या और प्रचार किया है और मैंने कई सम्मेलनों में इस पर व्याख्यान भी दिया है। अब मैं आपके नए सूत्र की व्याख्या पढ़ने के लिए बहुत उत्सुक हूँ – "जाति व्यवस्था जिस धार्मिक धारणा पर आधारित है, उसे नष्ट किए बिना जाति को तोड़ना संभव नहीं है।" कृपया अपनी सुविधानुसार इसे विस्तार से समझाएँ ताकि हम इस विचार को उठा सकें और समाचारपत्र और मंच से इस पर जोर दे सकें। फिलहाल, यह मेरे लिए पूरी तरह से स्पष्ट नहीं है।

* * * *

हमारी कार्यकारी समिति आपको हमारे वार्षिक सम्मेलन के अध्यक्ष के रूप में नियुक्त करने पर दृढ़ है। हम आपकी सुविधा के अनुसार अपनी तिथियों में बदलाव कर सकते हैं। पंजाब के स्वतंत्र हरिजन

आपसे मिलने और अपनी योजनाओं पर चर्चा करने के लिए बहुत उत्सुक हैं। इसलिए यदि आप कृपया कर हमारा अनुरोध स्वीकार करते हैं और सम्मेलन की अध्यक्षता करने के लिए लाहौर आते हैं तो इससे दोहरा उद्देश्य पूरा होगा। हम सभी तरह के विचारों वाले हरिजन नेताओं को आमंत्रित करेंगे और आपको उनके समक्ष अपने विचार रखने का अवसर मिलेगा।

मंडल ने अपने सहायक सचिव श्री इंद्र सिंह को क्रिसमस के अवसर पर बम्बई में आपसे मिलने तथा पूरी स्थिति पर चर्चा करने के लिए भेजा है, ताकि आप हमारा अनुरोध स्वीकार करने के लिए मान सकें।

* * * *

मुझे बताया गया कि जात–पात–तोड़क मंडल सवर्ण हिंदू समाज सुधारकों का एक संग है, जिसका एकमात्र उद्देश्य हिंदुओं के बीच से जाति व्यवस्था को स्माप्त करना है। एक नियम के रूप में, मैं सवर्ण हिंदुओं द्वारा चलाए जा रहे किसी भी आंदोलन में भाग लेना पसंद नहीं करता। सामाजिक सुधार के प्रति उनका रवैया मुझसे इतना अलग है कि मुझे उनके साथ काम करना असम्भव लगता है। वास्तव में, हमारे विचारों में मतभेद के कारण मुझे उनकी संगति बिल्कुल भी पसंद नहीं है। इसलिए जब मंडल ने पहली बार मुझसे संपर्क किया तो मैंने अध्यक्षता करने के उनके निमंत्रण को अस्वीकार कर दिया। हालांकि, मंडल ने मेरे इनकार को स्वीकार नहीं किया और अपने एक सदस्य को बंबई भेजकर मुझे निमंत्रण स्वीकार करने के लिए दबाव डाला। अंत में मैं अध्यक्षता करने के लिए सहमत हो गया। वार्षिक सम्मेलन लाहौर में होना था, जो मंडल का मुख्यालय था। सम्मेलन ईस्टर में होना था, लेकिन बाद में इसे मई 1936 के मध्य तक के लिए स्थगित कर दिया गया। मंडल की स्वागत समिति ने अब सम्मेलन को रद्द कर दिया है। रद्द करने की सूचना मेरे अध्यक्षीय भाषण के छपने के काफी समय बाद आई। इस भाषण की प्रतियाँ अब मेरे पास हैं। चूँकि मुझे अध्यक्षीय आसन्दी से भाषण देने का अवसर नहीं मिला, इसलिए जनता को जाति

व्यवस्था द्वारा उत्पन्न समस्याओं पर मेरे विचार जानने का अवसर नहीं मिला। जनता को उनके बारे में बताने के लिए और मेरे पास पड़ी हुई मुद्रित प्रतियों को नष्ट करने के लिए, मैंने इस संबोधन की मुद्रित प्रतियों को त्रय–विक्रय–स्थान में बेचने का निर्णय लिया है। साथ के पृष्ठों पर उस संबोधन का पाठ है।

लोगों को यह जानने की जिज्ञासा होगी कि सम्मेलन के अध्यक्ष के रूप में मेरी नियुक्ति को रद्द करने का क्या कारण था। आरंभ में, अभिभाषण की छपाई को लेकर विवाद हुआ। मैं चाहता था कि अभिभाषण बम्बई में छपना चाहिए। मंडल चाहता था कि इसे विवरण आधार पर लाहौर में छपना चाहिए। मैं सहमत नहीं था और इसे बम्बई में छपवाने पर जोर दिया। मेरे प्रस्ताव से सहमत होने के बजाय मुझे मंडल के कई सदस्यों द्वारा हस्ताक्षरित एक पत्र मिला, जिसका मैं निम्नलिखित अंश प्रस्तुत करता हूँः

पूज्य डॉ.जी, 27–3–36

आपका 24 दिनाक का पत्र हमें दिखाया गया है, जो संत राम को संबोधित है। इसे पढ़कर हमें थोड़ी आशाहीन्ता हुई। शायद आप इस स्थिति से पूरी तरह परिचित नहीं हैं, जो यहां जनमी हुई है। पंजाब के लगभग सभी हिंदू आपको इस प्रांत में आमंत्रित किए जाने के विरूद्ध हैं। जात–पात–तोड़क मंडल की कड़ी आलोचना की गई है और हर तरफ से इसकी निंदा की गई है। सभी हिंदू नेताओं ने, जिनमें भाई परमानंद, एम.एल.ए. (पूर्व अध्यक्ष, हिंदू महासभा), महात्मा हंस राज, डॉ. गोकल चंद नारंग, स्थानीय स्वशासन मंत्री, राजा नरेंद्र नाथ, एम.एल. सी. आदि शामिल हैं, मंडल के इस कदम से स्वयं को अलग कर लिया है।

इन सबके बाद भी जात–पात–तोड़क मंडल (जिसके प्रमुख व्यक्ति संत राम हैं) के नेता हर मुश्किल परिस्थिति में आपके अध्यक्ष बनने का विचार नहीं छोड़ेंगे। मंडल की बदनामी हो चुकी है।

* * * *

ऐसी परिस्थितियों में आपका यह कर्तव्य बनता है कि आप मंडल के साथ सहयोग करें। एक ओर तो हिंदुओं द्वारा उन्हें इतनी परेशानियाँ और कष्ट दिया जा रहा है और दूसरी ओर यदि आप भी उनकी मुश्किलें बढ़ाएँगे तो यह उनके लिए सबसे दुखद संयोजन होगा।

हमें उम्मीद है कि आप इस मामले पर विचार करेंगे और वही करेंगे जो हम सबके लिए अच्छा होगा।

* * * *

इस पत्र ने मुझे बहुत उलझन में डाल दिया। मैं समझ नहीं पाया कि चंद मौद्रिक संसाधन के लिए मंडल ने मुझे असंतुष्ट क्यों किया, जबकि पत्र छपवाने के लिए मुझे कुछ पैसे देने पड़े। दूसरे, मैं यह विश्वास नहीं कर पाया कि सर गोकल चंद नारंग जैसे लोगों ने मेरे अध्यक्ष चुने जाने के विरोध में सचमुच त्यागपत्र दे दिया था, क्योंकि मुझे सर गोकल चंद से ही निम्नलिखित पत्र मिला थारू

5 मोंटगोमरी मार्ग लाहौर,

7–2–36

प्रिय डॉक्टर अंबेडकर,

मुझे जात–पात–तोड़क मंडल के कार्यकर्ताओं से यह जानकर प्रसन्नता हुई कि आप ईस्टर की अवकाशो के दौरान लाहौर में आयोजित होने वाली उनकी अगली वर्षगांठ की अध्यक्षता करने के लिए सहमत हो गए हैं। अगर आप लाहौर में रहते हुए मेरे साथ रहें तो मुझे बहुत प्रसन्नता होगी।

जब हम मिलेंगे तब और बात करेंगे।

सादर,

जी. सी. नारंग

सच जो भी हो, मैंने इस दबाव के आगे घुटने नहीं टेके। लेकिन जब मंडल को पता चला कि मैं अपने प्रस्ताव पर सहमत होने के बजाय अपना पता बॉम्बे में छपवाने पर जोर दे रहा हूँ, तो मंडल ने मुझे एक

तार भेजा कि वे श्री हर भगवान को "व्यक्तिगत रूप से मामले पर बात करने" के लिए बंबई भेज रहे हैं श्री हर भगवान 9 अप्रैल को बंबई आए। जब मैं श्री हर भगवान से मिला तो मैंने पाया कि इस मुद्दे पर उनके पास कहने के लिए कुछ भी नहीं था। वास्तव में, वे इस बात को लेकर इतने उदासीन थे कि पता बंबई में छपे या लाहौर में, कि उन्होंने हमारी बातचीत के दौरान इस पर चर्चा तक नहीं किया। वे बस यह जानना चाहते थे कि पता किस विषय पर लिखा गया है। तब मुझे यकीन हो गया कि लाहौर में पता छपवाने में मंडल का मुख्य उद्देश्य पैसे बचाना नहीं बल्कि पता किस विषय पर लिखा गया है, यह जानना था। मैंने उन्हें एक प्रति दी। वे इसके कुछ हिस्सों से बहुत प्रसन्न नहीं थे। वे लाहौर लौट आए। लाहौर से उन्होंने मुझे निम्नलिखित पत्र लिखारू

लाहौर, दिनांक 14 अप्रैल, 1936

मेरे प्यारे डॉक्टर साहब,

12 दिनाक को बंबई से आने के बाद से मैं अस्वस्थ हूँ, क्योंकि मैंने लगातार 5 या 6 रातें नहीं सोईं, जो मैंने अनुगामी समूह में बिताईं। यहाँ पहुँचकर मुझे पता चला कि आप अमृतसर आए हैं। अगर मैं स्वस्थ होता तो वहाँ आपसे मिलता। मैंने आपका पता श्री संत राम को अनुवाद के लिए दे दिया है और उन्हें यह बहुत पसंद आया है, लेकिन उन्हें विश्वाश नहीं है कि वे इसे 25 दिनाक से पहले प्रति के लिए अनुवाद कर पाएंगे या नहीं। किसी भी हालत में, इसका व्यापक प्रचार होगा और हमें विश्वाश है कि यह हिंदुओं को उनकी नींद से जगा देगा।

बंबई में मैंने जो अंश आपको बताया था, उसे हमारे कुछ मित्रों ने थोड़ी शंका के साथ पढ़ा है, और हममें से जो लोग सम्मेलन को बिना किसी अप्रिय घटना के समाप्त होते देखना चाहते हैं, वे चाहेंगे कि कम से कम "वेद" शब्द को तब तक छोड़ दिया जाए। मैं इसे आपकी समझदारी पर छोड़ता हूँ। तथापि, मुझे आशा है कि आप अपने अंतिम अनुच्छेद में यह स्पष्ट कर देंगे कि संबोधन में व्यक्त विचार आपके अपने हैं और इसके लिए मंडल जिम्मेदार नहीं है। मुझे उम्मीद है कि

आप मेरे इस कथन पर बुरा नहीं मानेंगे और हमें इस संबोधन की 1,000 प्रतियाँ देंगे, जिसके लिए हम निश्चित रूप से भुगतान करेंगे। इस आशय का एक तार मैंने आज आपको भेजा है। इसके साथ 100 रुपये का चेक संलग्न है, कृपया इसकी पावती दें और अपने विपत्र हमें समय पर भेजें।

मैंने स्वागत समिति की बैठक बुलाई है और उनके निर्णय से आपको तुरंत अवगत कराऊंगा। इस बीच कृपया मेरे प्रति दिखाए गए स्नेह और अपने संबोधन की तैयारी में आपके द्वारा उठाए गए महान परिश्रम के लिए मेरा हार्दिक धन्यवाद स्वीकार करें। आपने वास्तव में हमें कृतज्ञता के भारी ऋण में डाल दिया है।

सादर,

हर भगवान

पी.एस.– कृपया अभिभाषण की प्रतियाँ छपते ही यात्री रेलगाड़ी से भेज दें, ताकि प्रतियाँ प्रकाशन के लिए समाचारपत्र को भेजी जा सकें।

तदनुसार मैंने अपनी पांडुलिपि 1,000 प्रतियाँ छापने के आदेश के साथ मुद्रक को सौंप दी। आठ दिन बाद, मुझे श्री हर भगवान का एक और पत्र मिला, जिसे मैं नीचे पुनरू प्रस्तुत कर रहा हूँ:

प्रिय डॉ. अंबेडकर, लाहौर, 22–4–36

हमें आपका तार और पत्र प्राप्त हुआ है, जिसके लिए कृपया हमारा धन्यवाद स्वीकार करें। आपकी इच्छा के अनुसार, हमने फिर से अपना सम्मेलन स्थगित कर दिया है, लेकिन हमें लगता है कि इसे 25 और 26 दिनाक को आयोजित करना बेहतर होता, क्योंकि पंजाब में मौसम हर दिन गर्म होता जा रहा है। मई के मध्य में काफी गर्मी होगी, और दिन के समय बैठकें बहुत सुखद और आरामदायक नहीं होंगी। हालांकि, अगर यह मई के मध्य में आयोजित किया जाता है, तो हम चीजों को यथासंभव आरामदायक बनाने के लिए हर संभव प्रयास करेंगे।

लेकिन एक बात है जो हम आपके ध्यान में लाने के लिए बाध्य हैं। आपको याद होगा कि जब मैंने धर्म परिवर्तन के विषय पर आपके

घोषणापत्र के बारे में हमारे कुछ लोगों की शंकाओं को आपके समक्ष रखा था, तो आपने मुझसे कहा था कि यह निस्संदेह मंडल के दायरे से बाहर है और इस संबंध में हमारे मंच से कुछ भी कहने की आपकी कोई मंशा नहीं है। उसी समय जब आपके संबोधन की पांडुलिपि मुझे सौंपी गई थी, तो आपने मुझे आश्वस्त किया था कि यह आपके संबोधन का मुख्य भाग था और इसमें केवल दो या तीन समापन अनुच्छेद थे जिन्हें आप जोड़ना चाहते थे। आपके संबोधन की दूसरी किस्त प्राप्त करने पर हम आश्चर्यचकित हो गए, क्योंकि इससे यह इतना लंबा हो जाएगा कि हमें डर है कि बहुत कम लोग इसे पूरा पढ़ेंगे। इसके अलावा आपने अपने संबोधन में एक से अधिक बार कहा है कि आपने हिंदुओं की बिरादरी से बाहर निकलने का निर्णय किया है और यह एक हिंदू के रूप में आपका अंतिम संबोधन था। आपने अनावश्यक रूप से वेदों और हिंदुओं के अन्य धार्मिक ग्रंथों की नैतिकता और तर्कसंगतता पर भी हमला किया है, और हिंदू धर्म के तकनीकी पक्ष पर बहुत अधिक चर्चा की है, जिसका इस मुद्दे से कोई संबंध नहीं है, इतना अधिक कि कुछ अंश अप्रासंगिक और विषय से हटकर हो गए हैं। हमें बहुत प्रसन्नता होती अगर आपने अपना संबोधन मुझे दिए गए हिस्से तक ही सीमित रखा होता, या अगर कुछ जोड़ना जरूरी होता तो वह ब्राह्मणवाद आदि पर आपके लिखे तक ही सीमित रहता। अंतिम भाग जो हिंदू धर्म के पूर्ण विनाश से संबंधित है और हिंदुओं की पवित्र पुस्तकों की नैतिकता पर संदेह करता है और साथ ही हिंदू धर्म छोड़ने के आपके मंशा का संकेत देता है, मुझे अनुरूप नहीं लगता।

इसलिए मैं सम्मेलन के लिए उत्तरदायी लोगों की ओर से आपसे विनम्रतापूर्वक अनुरोध करता हूँ कि आप ऊपर उल्लिखित अंशों को छोड़ दें, और मुझे जो बताया गया है, उसके साथ संबोधन समाप्त करें या ब्राह्मणवाद पर कुछ अनुच्छेद जोड़ें। हमें संदेह है कि इस संबोधन को अनावश्यक रूप से उत्तेजक और चुभने वाला बनाना बुद्धिमत्ता होगी। हममें से कई लोग आपकी भावनाओं से सहमत हैं और हिंदू धर्म के पुनर्निर्माण के लिए आपके पताका तले काम करना चाहते हैं। यदि

आपने अपने पंथ के लोगों को इकट्ठा करने का निर्णय किया होता तो मैं आपको आश्वस्त कर सकता हूँ कि पंजाब से बड़ी संख्या में लोग आपके सुधारकों की सेना में शामिल होते।

वास्तव में, हमने सोचा था कि आप जाति व्यवस्था की बुराई के विनाश में हमारा नेतृत्व करेंगे, विशेषत जब आपने इस विषय का इतना गहन अध्ययन किया है, और एक क्रांति लाकर तथा इस विशाल प्रयास में स्वयं को एक केंद्र बनाकर हमारे हाथ मजबूत करेंगे, लेकिन आपके द्वारा बार–बार की गई प्रकृति की घोषणा अपनी ताकत खो देती है, और एक घिसी–पिटी बात बन जाती है। ऐसी परिस्थितियों में, मैं आपसे अनुरोध करता हूँ कि आप पूरे मामले पर विचार करें और अपने संबोधन को यह कहकर अधिक प्रभावी बनाएँ कि यदि हिंदू सही ईमानदारी से इस लक्ष्य के लिए काम करने के लिए तैयार हैं, तो आप जाति व्यवस्था के विनाश में अग्रणी भूमिका निभाने में प्रसन्न होंगे, भले ही उन्हें अपने सगे–संबंधियों और धार्मिक धारणाओं को त्यागना पड़े। यदि आप ऐसा करते हैं, तो मुझे विश्वास है कि आपको इस तरह के प्रयास में पंजाब से तत्पर प्रतिक्रिया मिलेगी।

मैं आभारी रहूँगा यदि आप इस समय हमारी सहायता करेंगे, क्योंकि हम पहले ही काफी व्यय कर चुके हैं तथा हमें निलंबित कर दिया गया है, तथा हमें डाक द्वारा यह बता देंगे कि आपने अपना पता उपरोक्तानुसार सीमित रखने का कष्ट किया है। यदि, आप अभी भी पते को सम्पूर्ण रूप में छापने पर जोर देते हैं, हमें बहुत खेद है कि यह संभव नहीं हो सका – हमारे लिए सम्मेलन आयोजित करना उचित है, तथा हम इसे अनिश्चित काल के लिए स्थगित करना पसंद करेंगे, हालांकि ऐसा करने से हम बार–बार स्थगन के कारण लोगों की सद्भावना खो देंगे स हालांकि, हम यह बताना चाहेंगे कि आपने जाति व्यवस्था पर ऐसा अद्भुत ग्रंथ लिखकर हमारे दिलों में अपनी जगह बनाई है, जो अब तक लिखे गए सभी ग्रंथों से बेहतर है और एक मूल्यवान विरासत साबित होगी। इसे तैयार करने में आपने जो मेहनत की है, उसके लिए हम हमेशा आपके ऋणी रहेंगे।

आपकी दयालुता भरी शुभकामनाओं के लिए बहुत–बहुत धन्यवाद।

और मैं,

आपका, सादर,

हर भगवान

इस पत्र का मैंने निम्नलिखित उत्तर भेजारू

27 अप्रैल 1936

प्रिय श्री हर भगवान,

मुझे आपका 22 अप्रैल का पत्र प्राप्त हुआ है स खेद के साथ कहना पड़ रहा है कि यदि मैं संबोधन को यथावत छापने पर दबाव देता तो जात–पात–तोड़क मंडल की स्वागत समिति "सम्मेलन को अनिश्चित काल के लिए स्थगित करना पसंद करती।" उत्तर में मैं आपको सूचित करना चाहता हूँ कि मैं भी सम्मेलन को रद्द करना पसंद करूंगा। मुझे अस्पष्ट शब्दों का प्रयोग पसंद नहीं है स यदि मंडल ने अपने हालात के हिसाब से मेरे भाषण को छोटा करने पर जोर दिया तो मैं उसे स्वीकार करूंगा। हो सकता है कि आपको मेरा फैसला पसंद न आए। लेकिन सम्मेलन की अध्यक्षता करने के सम्मान में मैं वह स्वतंत्रता नहीं छोड़ सकता जो हर अध्यक्ष को भाषण तैयार करने में मिलनी चाहिए।

मैं मण्डल को प्रसन्न करने के लिए उस कर्तव्य को नहीं छोड़ सकता जो प्रत्येक अध्यक्ष का उस सम्मेलन के प्रति होता है, जिसकी वह अध्यक्षता करता है, कि वह उसे वह नेतृत्व प्रदान करे जो वह सही और उचित समझता है। यह मुद्दा सिद्धांत का है और मुझे लगता है कि मुझे इसमें किसी भी तरह से सुलह नहीं करना चाहिए।

मैं स्वागत समिति द्वारा लिए गए निर्णय की औचित्य के संबंध में किसी विवाद में नहीं पड़ना चाहता था। लेकिन चूंकि आपने कुछ ऐसे कारण बताए हैं जो मुझे दोषी ठहराते हैं, इसलिए मैं उनका उत्तर देने के लिए बाध्य हूँ। सबसे पहले, मुझे यह धारणा दूर करनी चाहिए कि अभिभाषण के उस भाग में निहित विचार, जिस पर समिति ने आपत्ति

जताई है, मंडल के लिए आश्चर्यजनक रूप से आए हैं। मुझे यकीन है कि श्री संत राम मेरी बात का समर्थन करेंगे जब मैं कहूँगा कि उनके एक पत्र के उत्तर में मैंने कहा था कि जाति व्यवस्था को तोड़ने का वास्तविक तरीका अंतरजातीय भोज और अंतरजातीय विवाह करना नहीं है, बल्कि उन धार्मिक धारणाओं को नष्ट करना है, जिन पर जाति आधारित है और श्री संत राम ने बदले में मुझसे पूछा कि मैं जो कह रहा हूँ, वह एक नया दृष्टिकोण है। श्री संत राम के इस निमंत्रण के उत्तर में ही मैंने सोचा कि मुझे अपने संबोधन में उन बातों को विस्तार से बताना चाहिए जो मैंने उन्हें लिखे अपने पत्र में एक वाक्य में कही थीं। इसलिए, आप यह नहीं कह सकते कि व्यक्त किए गए विचार नए हैं। वैसे भी, ये श्री संत राम के लिए नए नहीं हैं, जो आपके मंडल की प्रेरक शक्ति और अग्रणी प्रकाश हैं। लेकिन मैं आगे बढ़कर कहता हूँ कि मैंने अपने संबोधन का यह हिस्सा सिर्फ इसलिए नहीं लिखा क्योंकि मुझे ऐसा करना उचित लगा। मैंने इसे इसलिए लिखा क्योंकि मुझे लगा कि तर्क को पूरा करने के लिए यह पूर्ण आवश्यक था। मुझे यह पढ़कर आश्चर्य हुआ कि आपने भाषण के उस हिस्से को "अप्रासंगिक और विषय से हटकर" बताया है जिस पर आपकी समिति ने आपत्ति जताई है। आप मुझे यह कहने की अनुमति देंगे कि मैं एक वकील हूँ और प्रासंगिकता के नियमों को आपकी समिति के किसी भी सदस्य जितना ही जानता हूँ। मैं इस बात पर जोर देता हूँ कि जिस हिस्से पर आपत्ति जताई गई है वह न सिर्फ सबसे ज्यादा प्रासंगिक है बल्कि महत्वपूर्ण भी है। संबोधन के इसी हिस्से में मैंने जाति व्यवस्था को तोड़ने के प्रकार पर चर्चा की है। हो सकता है कि जाति को नष्ट करने के सर्वोत्तम प्रकार के बारे में मैं जिस निष्कर्ष पर पहुँचा हूँ, वह चौंकाने वाला और दर्दनाक हो। आप यह कहने के दावेदार हैं कि मेरा विश्लेषण गलत है। लेकिन आप यह नहीं कह सकते कि जाति की समस्या से निपटने वाले भाषण में यह चर्चा करना मेरे लिए खुला नहीं है कि जाति को कैसे नष्ट किया जा सकता है।

आपकी दूसरी शिकायत संबोधन की लंबाई से संबंधित है। मैंने संबोधन में ही आरोप स्वीकार कर लिया है। लेकिन, इसके लिए वास्तव में कौन उत्तरदायिनी है? मुझे डर है कि आप इस विषय पर बहुत देर से आए हैं। अन्यथा आपको पता होता कि मैंने आरंभ में अपनी सुविधा के लिए एक संक्षिप्त संबोधन लिखने की योजना बनाई थी क्योंकि मेरे पास विस्तृत शोध प्रबंध तैयार करने के लिए न तो समय था और न ही ऊर्जा। यह मंडल ही था जिसने मुझे इस विषय पर विस्तृत रूप से चर्चा करने के लिए कहा और यह मंडल ही था जिसने जाति व्यवस्था से संबंधित प्रश्नों की एक सूची मुझे भेजी और मुझे अपने संबोधन के मुख्य भाग में उनका उत्तर देने के लिए कहा क्योंकि वे ऐसे प्रश्न थे जो अक्सर मंडल और उसके विरोधियों के बीच विवाद में उठाए जाते थे और जिनका संतोषजनक उत्तर देना मंडल के लिए कठिन था। इस संबंध में मंडल की इच्छाओं को पूरा करने की कोशिश में ही यह संबोधन इतना लंबा हो गया है। मैंने जो कहा है, उसके विचार से मुझे विश्वाश है कि आप इस बात से सहमत होंगे कि संबोधन की लंबाई के संबंध में दोष मेरा नहीं है।

मुझे उम्मीद नहीं थी कि आपका मंडल इतना रूष्ट होगा क्योंकि मैंने हिंदू धर्म के विनाश की बात कही है। मुझे लगा कि सिर्फ मूर्ख ही शब्दों से डरते हैं। लेकिन लोगों के मन में कोई असहमति न हो इसलिए मैंने यह समझाने में बहुत मेहनत की है कि धर्म और धर्म के विनाश से मेरा क्या मतलब है। मुझे पूरा विश्वाश है कि मेरा संबोधन पढ़ने के बाद कोई भी मेरी बात को गलत नहीं समझ सकता। आपके मंडल को "धर्म का विनाश आदि" जैसे शब्दों से डर लगना चाहिए, भले ही उनके साथ जो स्पष्टीकरण दिया गया हो, उससे मंडल का कोई महत्व नहीं है। कोई भी व्यक्ति उन लोगों के प्रति कोई सम्मान या आदर नहीं रख सकता जो सुधारक की स्थिति लेते हैं और फिर उस स्थिति के तार्किक परिणामों को देखने से भी इनकार कर देते हैं, उन्हें कार्रवाई में लागू करना तो दूर की बात है।

आप इस बात से सहमत होंगे कि मैंने अपने भाषण की तैयारी में कभी भी किसी भी तरह की सीमा तय नहीं की और इस प्रश्न पर कि भाषण में क्या होना चाहिए या क्या नहीं, मेरे और मंडल के बीच कभी चर्चा भी नहीं हुई। मैंने हर बार यह मान लिया था कि मैं इस विषय पर अपने विचार व्यक्त करने के लिए स्वतंत्र हूँ। वास्तव में, जब तक आप 9 अप्रैल को बॉम्बे नहीं आए, मंडल को नहीं पता था कि मैं किस तरह का भाषण तैयार कर रहा हूँ। जब आप बॉम्बे आए थे, तब मैंने स्वेच्छा से आपसे कहा था कि मैं दलित वर्गों द्वारा धर्म परिवर्तन के बारे में अपने विचारों की वकालत करने के लिए आपके मंच का उपयोग नहीं करना चाहता। मुझे लगता है कि मैंने भाषण की तैयारी में उस वादे को पूरी सत्यनिष्ठा से निभाया है। एक अप्रत्यक्ष चरित्र के निकल्ते हुए संदर्भ को छोड़कर, जहाँ मैंने कहा कि "मुझे खेद है कि मैं यहाँ नहीं रहूँगा... आदि।" मैंने अपने भाषण में इस विषय के बारे में कुछ नहीं कहा। जब मैं देखता हूँ कि आप इस तरह गुजरते और इतने अप्रत्यक्ष संदर्भ पर भी आपत्ति करते हैं, तो मैं पूछने के लिए बाध्य महसूस करता हूँय क्या आपने सोचा था कि आपके सम्मेलन की अध्यक्षता करने के लिए सहमत होने से मैं दलित वर्गों द्वारा धर्म परिवर्तन के बारे में अपने विचारों को स्थगित करने या त्यागने के लिए सहमत हो जाऊँगा? यदि आपने ऐसा सोचा था तो मुझे आपको बताना चाहिए कि मैं आपकी ओर से ऐसी गलती के लिए किसी भी तरह से उत्तरदाई नहीं हूँ। यदि आप में से किसी ने भी मुझे संकेत दिया होता कि अध्यक्ष के रूप में चुने जाने के द्वारा आप मुझे जो सम्मान दे रहे हैं, उसके बदले में मुझे धर्म परिवर्तन के अपने कार्यक्रम में अपने विश्वास को त्यागना होगा, तो मैंने आपको स्पष्ट शब्दों में बताया होता कि मुझे आपसे किसी भी सम्मान की अपेक्षा अपने विश्वास की अधिक परवाह है।

14 दिवस के आपके पत्र के बाद, आपका यह पत्र मेरे लिए आश्चर्य की बात है। मुझे विश्वास है कि इसे पढ़ने वाला कोई भी व्यक्ति ऐसा ही महसूस करेगा। मैं स्वागत समिति की ओर से अचानक हुए इस बदलाव का कारण नहीं समझ सकता। 14 दिवस को जब आपने अपना

पत्र लिखा था, तब समिति के समक्ष जो कच्चा मसौदा था और अंतिम मसौदा, जिस पर समिति ने आपके उत्तर में दिए गए पत्र में मुझे निर्णय दिया, दोनों में कोई अंतर नहीं है। आप अंतिम मसौदे में एक भी ऐसा नया विचार नहीं बता सकते जो पहले के मसौदे में शामिल न हो। विचार वही हैं। अंतर केवल इतना है कि अंतिम मसौदे में उन पर अधिक विस्तार से काम किया गया है। यदि संबोधन में कोई आपत्ति थी तो आप 14 तारीख को कह सकते थे। लेकिन आपने ऐसा नहीं किया। इसके विपरीत आपने मुझे 1,000 प्रतियाँ छापने के लिए कहा और मुझे आपके द्वारा सुझाए गए मौखिक परिवर्तनों को स्वीकार करने या न करने की स्वतंत्रता दी। तदनुसार मैंने 1,000 प्रतियाँ छपवाईं जो अब मेरे पास हैं। आठ दिन बाद आप लिखते हैं कि आपको अभिभाषण पर आपत्ति है और यदि इसमें संशोधन नहीं किया गया तो सम्मेलन रद्द कर दिया जाएगा। आपको पता होना चाहिए था कि अभिभाषण में किसी भी तरह के परिवर्तन की कोई उम्मीद नहीं थी। जब आप बंबई में थे, तब मैंने आपसे कहा था कि मैं एक भी अल्पविराम नहीं बदलूँगा, कि मैं अपने अभिभाषण पर किसी भी तरह की सेंसरशिप की अनुमति नहीं दूँगा और आपको मेरे द्वारा दिए गए अभिभाषण को उसी रूप में स्वीकार करना होगा। मैंने आपसे यह भी कहा था कि अभिभाषण में व्यक्त विचारों की जिम्मेदारी पूरी तरह मेरी है और यदि वे सम्मेलन को पसंद नहीं आए तो मुझे बिल्कुल भी आपत्ति नहीं होगी यदि सम्मेलन उनकी निंदा करते हुए प्रस्ताव पारित करता है। मैं आपके मंडल को अपने विचारों की जिम्मेदारी लेने से मुक्त करने के लिए बहुत उत्सुक था और साथ ही आपके सम्मेलन के साथ बहुत घनिष्ठ संबंध में खुद को उलझाने से बचने के उद्देश्य से, मैंने आपको सुझाव दिया कि मैं चाहता हूँ कि मेरे अभिभाषण को एक तरह का उद्‌घाटन भाषण माना जाए न कि अध्यक्षीय भाषण और मंडल को सम्मेलन की अध्यक्षता करने के लिए किसी और को ढूँढ़ना चाहिए, तथा प्ररतावों पर विचार करना चाहिए। 14 दिवस को निर्णय लेने के लिए आपकी समिति से बेहतर कोई नहीं हो सकता था। समिति ऐसा करने में विफल रही और इस

बीच मुद्रण की लागत लग गई, जिसे मैं निश्चित रूप से मानता हूँ कि आपकी समिति की ओर से थोड़ी और दृढ़ता से बचा जा सकता था।

मुझे पूरा विश्वास है कि मेरे संबोधन में व्यक्त विचारों का आपकी समिति के निर्णय से कोई लेना–देना नहीं है। मेरे पास यह मानने के कारण हैं कि अमृतसर में आयोजित सिख प्रचार सम्मेलन में मेरी उपस्थिति का समिति के निर्णय से बहुत अधिक संबंध है। 14 से 22 अप्रैल के बीच समिति द्वारा अचानक अपना रुख बदलने के लिए और कुछ भी संतोषजनक नहीं हो सकता। फिर भी मुझे इस विवाद को और आगे नहीं बढ़ाना चाहिए और आपसे अनुरोध करना चाहिए कि आप तुरंत घोषणा करें कि सम्मेलन का वह सत्र जो मेरी अध्यक्षता में होना था, रद्द कर दिया गया है। अब तक सारी कृपा समाप्त हो चुकी है और यदि आपकी समिति मेरे संबोधन को यथावत स्वीकार करने पर भी सहमत हो जाती है, तो भी मैं अध्यक्षता करने के लिए सहमत नहीं होऊंगा। मैं आपके द्वारा संबोधन की तैयारी में मेरे द्वारा उठाए गए परिश्रम की सराहना करने के लिए आपका धन्यवाद करता हूँ। यदि किसी और ने ऐसा नहीं किया है, तो निश्चित रूप से मुझे इस परिश्रम से लाभ हुआ है। मेरा एकमात्र खेद यह है कि मुझे ऐसे समय में इतना कठिन परिश्रम करना पड़ा, जब मेरा स्वास्थ्य उस तनाव के बराबर नहीं था, जो इससे हुआ है।

सादर,

बी.आर. अंबेडकर

इस पत्र–व्यवहार में उन कारणों का खुलासा किया जाएगा, जिनके कारण मंडल ने अध्यक्ष के रूप में मेरी नियुक्ति को रद्द कर दिया है और पाठक इस स्थिति में होंगे कि वे दोष उस पर डाल सकें, जिस पर उसे उचित रूप से दोष देना चाहिए। मेरा मानना है कि यह पहली बार है, जब स्वागत समिति ने अध्यक्ष की नियुक्ति को रद्द कर दिया है, क्योंकि वह अध्यक्ष के विचारों से सहमत नहीं है। लेकिन ऐसा हो या न हो, यह निश्चित रूप से मेरे जीवन में पहली बार है जब मुझे सवर्ण हिंदुओं के

सम्मेलन की अध्यक्षता करने के लिए आमंत्रित किया गया है। मुझे खेद है कि यह एक त्रासदी में समाप्त हो गया। लेकिन कोई भी व्यक्ति सवर्ण हिंदुओं के सुधारवादी संप्रदाय और अछूतों के आत्म–सम्मान वाले संप्रदाय के बीच इतने दुखद रिश्ते से क्या उम्मीद कर सकता है, जहाँ पूर्व में अपने रूढ़िवादी साथियों को अलग–थलग करने की कोई इच्छा नहीं है और बाद वाले के पास सुधार किए जाने पर जोर देने के अलावा कोई विकल्प नहीं है?

राजगृह, **बी.आर. अंबेडकर**

दादर, बम्बई–14

15 मई

भाषण

मित्र,

मुझे जात–पात–तोड़क मंडल के सदस्यों के लिए वास्तव में खेद है, जिन्होंने मुझे इस सम्मेलन की अध्यक्षता करने के लिए बहुत दयालुतापूर्वक आमंत्रित किया है। मुझे विश्वाश है कि मुझे राष्ट्रपति के रूप में चुनने के लिए उनसे कई प्रश्न पूछे जाएँगे। मंडल से यह बताने के लिए कहा जाएगा कि उसने लाहौर में आयोजित एक समारोह की अध्यक्षता के लिए बंबई से एक व्यक्ति को क्यों आयात किया है। मेरा मानना है कि मंडल को इस अवसर पर अध्यक्षता करने के लिए मुझसे बेहतर योग्य कोई व्यक्ति आसानी से मिल सकता था। मैंने हिंदुओं की आलोचना की है स मैंने उन महात्मा के प्राधिकार पर प्रश्न उठाया है जिनका वे सम्मान करते हैं। वे मुझसे विरक्ति करते है। उनके लिए मैं उनके बगीचे का सांप हूँ। इसमें कोई संदेह नहीं है कि राजनीतिक विचारधारा वाले हिंदू मंडल से यह बताने के लिए कहेंगे कि उन्होंने मुझे इस सम्मानजनक स्थान को भरने के लिए क्यों बुलाया है। यह बहुत बड़े साहस का काम है स अगर कुछ राजनीतिक हिंदू इसे अपमान मानें तो मुझे आश्चर्य नहीं होगा। मेरा यह चयन निश्चय ही सामान्य धार्मिक विचारधारा वाले हिंदुओं को प्रसन्न नहीं कर सकता। मंडल से यह बताने के लिए कहा जा सकता है कि उसने राष्ट्रपति के चयन में शास्त्रीय निषेधाज्ञा की अवहेलना क्यों की है। शास्त्रों के अनुसार ब्राह्मण को तीनों वर्णों का गुरु नियुक्त किया गया है, वर्णानाम ब्राह्मणो गुरुः यह शास्त्रों का निर्देश है। इसलिए मंडल जानता है कि एक हिंदू को

किससे शिक्षा लेनी चाहिए और किससे नहीं। शास्त्र किसी हिंदू को केवल इसलिए किसी को अपना गुरु स्वीकार करने की अनुमति नहीं देते क्योंकि वह इसका अच्छा जानकार है। यह बात महाराष्ट्र के एक ब्राह्मण संत रामदास ने पूर्णता स्पष्ट कर दी है, जिनके बारे में कहा जाता है कि उन्होंने शिवाजी को हिंदू राज स्थापित करने के लिए प्रेरित किया था। मराठी पद्य में लिखे अपने सामाजिक–राजनीतिक–धार्मिक ग्रंथ दासबोध में रामदास हिंदुओं से पूछते हैं कि क्या हम किसी अंत्यज को इसलिए गुरु मान सकते हैं क्योंकि वह पंडित (यानी विद्वान) है और इसका उत्तर नकारात्मक में देते हैं। इन प्रश्नों का क्या उत्तर दिया जाए, यह मैं मंडल पर छोड़ता हूँ। मंडल ही सबसे अच्छी तरह जानता है कि किन कारणों से उसे बंबई जाकर अध्यक्ष चुनना पड़ा, हिंदुओं के प्रति इतना घृणास्पद व्यक्ति चुनना पड़ा और इतने निम्न स्तर पर उतरकर एक अंत्यज (अछूत) को सवर्णों के समक्ष संबोधित करना पड़ा। जहाँ तक मेरा प्रश्न है, आप मुझे यह कहने की अनुमति देंगे कि मैंने अपनी इच्छा के विरुद्ध तथा अपने कई अछूत साथियों की इच्छा के विरुद्ध यह निमंत्रण स्वीकार किया है। मैं जानता हूँ कि हिंदू मुझसे तंग आ चुके हैं। मैं जानता हूँ कि मैं उनके बीच में अप्रिय व्यक्ति नहीं हूँ। यह सब जानते हुए भी मैंने जानबूझ कर अपने को उनसे दूर रखा है। मैं उन पर अपना प्रभाव नहीं डालना चाहता। मैं अपने विचारों को अपने मंच से व्यक्त करता रहा हूँ। इससे पहले ही उनके दिल में बहुत जलन और खीझ पैदा हो चुकी है। मैं हिंदुओं के मंच पर चढ़कर उनके सामने वही करने की इच्छा नहीं रखता जो मैं उनके सामने करता रहा हूँ। अगर मैं यहाँ हूँ तो यह आपकी इच्छा के कारण है, मेरी इच्छा के कारण नहीं। आपका उद्देश्य समाज सुधार है। उस मुद्दे ने हमेशा मुझे आकर्षित किया है और इसी वजह से मुझे लगा कि मुझे इस मुद्दे में मदद करने के अवसर को अस्वीकार नहीं करना चाहिए, खासकर तब जब आपको लगता है कि मैं इसमें मदद कर सकता हूँ। आज मैं जो कहने जा रहा हूँ, क्या वह आपकी समस्या को हल करने में आपकी किसी भी तरह से मदद करेगा, यह आपको तय करना है। मैं बस इतना

ही कहना चाहता हूँ कि मैं इस समस्या पर अपने विचार आपके सामने रखूँ।

II

भारत में सामाजिक सुधार का मार्ग, स्वर्ग के मार्ग की तरह, अनेक कठिनाइयों से भरा है। भारत में सामाजिक सुधार के मित्र कम हैं और आलोचक बहुत हैं। आलोचक दो अलग–अलग वर्गों में आते हैं। एक वर्ग राजनीतिक सुधारकों का है और दूसरा समाजवादी लोगों का।

एक समय यह माना जाता था कि सामाजिक कुशलता के बिना अन्य क्षेत्रों में कोई स्थायी प्रगति संभव नहीं है, कि बुरी प्रथाओं द्वारा फैलाई गई शरारतों के कारण हिंदू समाज कुशलता की स्थिति में नहीं है और इन बुराइयों को मिटाने के लिए निरंतर प्रयास किए जाने चाहिए। इस तथ्य की पहचान के कारण ही राष्ट्रीय कांग्रेस का जन्म हुआ और साथ ही सामाजिक सम्मेलन की स्थापना हुई। जहाँ कांग्रेस देश के राजनीतिक संगठन में कमजोरियों को परिभाषित करने में लगी थी, वहीं सामाजिक सम्मेलन हिंदू समाज के सामाजिक संगठन में कमजोरियों को दूर करने में लगा हुआ था। कुछ समय तक कांग्रेस और सम्मेलन एक ही गतिविधि के दो अंगों के रूप में काम करते रहे और उनके वार्षिक अधिवेशन एक ही पंडाल में आयोजित किए गए। लेकिन जल्द ही दोनों अंग दो दलों में विकसित हो गए, एक राजनीतिक सुधार दल और एक सामाजिक सुधार दल, जिनके बीच भयंकर विवाद हुआ। राजनीतिक सुधार दल ने राष्ट्रीय कांग्रेस का समर्थन किया और सामाजिक सुधार दल ने सामाजिक सम्मेलन का समर्थन किया। इस प्रकार दोनों निकाय दो विरोधी खेमे बन गए। मुद्दा यह था कि क्या सामाजिक सुधार राजनीतिक सुधार से पहले होना चाहिए। एक दशक तक ताकतें बराबर संतुलित रहीं और लड़ाई लड़ी गई, लेकिन किसी भी पक्ष को जीत नहीं मिली। हालांकि यह स्पष्ट था कि सामाजिक सम्मेलन का भाग्य तेजी से खत्म हो रहा था। सामाजिक सम्मेलन के सत्रों की अध्यक्षता करने वाले सज्जनों ने दुख जताया कि शिक्षित हिंदुओं का बहुमत राजनीतिक उन्नति के पक्ष में था और सामाजिक

सुधार के प्रति उदासीन था और जबकि कांग्रेस में भाग लेने वालों की संख्या बहुत बड़ी थी और जो लोग इसमें शामिल नहीं हुए लेकिन इससे सहानुभूति रखते थे उनकी संख्या और भी बड़ी थी, सामाजिक सम्मेलन में शामिल होने वाले लोगों की संख्या बहुत कम थी। इस उदासीनता, इसके सदस्यों की संख्या में कमी के बाद जल्द ही राजनेताओं की ओर से सक्रिय शत्रुता शुरू हो गई। स्वर्गीय श्री तिलक के नेतृत्व में, जिस शिष्टाचार के साथ कांग्रेस ने सोशल कॉन्फ्रेंस को अपने पंडाल का उपयोग करने की अनुमति दी थी, वह वापस ले ली गई और शत्रुता की भावना इस हद तक बढ़ गई कि जब सामाजिक सम्मेलन ने अपना पंडाल बनाने की इच्छा जताई तो उसके विरोधियों ने पंडाल को जलाने की धमकी दी। इस प्रकार समय के साथ राजनीतिक सुधार के पक्षधर दल की जीत हुई और सामाजिक सम्मेलन विलुप्त हो गई और उसे भुला दिया गया। 1892 में इलाहाबाद में कांग्रेस के आठवें सत्र के अध्यक्ष के रूप में श्री डब्ल्यू.सी. बोनर्जी द्वारा दिया गया भाषण सामाजिक सम्मेलन की मृत्यु पर दिए गए अंतिम संस्कार जैसा लगता है और कांग्रेस के रवैये का इतना विशिष्ट उदाहरण है कि मैं उसमें से निम्नलिखित अंश उद्धृत करने का साहस करता हूँ। श्री बोनर्जी ने कहाः

"मैं उन लोगों के साथ बिल्कुल भी धैर्य नहीं रखता जो कहते हैं कि जब तक हम अपनी सामाजिक व्यवस्था में सुधार नहीं करते तब तक हम राजनीतिक सुधार के लिए उपयुक्त नहीं होंगे। मैं इन दोनों के बीच कोई संबंध नहीं देख पाता...क्या हम (राजनीतिक सुधार के लिए) इसलिए उपयुक्त नहीं हैं क्योंकि हमारी विधवाएं अविवाहित रहती हैं और हमारी लड़कियों की शादी दूसरे देशों की तुलना में पहले कर दी जाती है? क्योंकि हमारी पत्नियाँ और बेटियाँ हमारे साथ हमारे दोस्तों से मिलने नहीं जाती हैं? क्योंकि हम अपनी बेटियों को ऑक्सफोर्ड और कैम्ब्रिज नहीं भेजते हैं? (जयकार)"

मैंने श्री बोनर्जी द्वारा प्रस्तुत राजनीतिक सुधार के पक्ष में तर्क प्रस्तुत किया है। ऐसे बहुत से लोग हैं जो इस बात से प्रसन्न है कि

जीत कांग्रेस को मिली। लेकिन जो लोग सामाजिक सुधार के महत्व में विश्वास करते हैं, वे पूछ सकते हैं कि क्या श्री बोनर्जी द्वारा प्रस्तुत तर्क अंतिम है? क्या यह साबित करता है कि जीत उन लोगों को मिली जो सही थे? क्या यह निर्णायक रूप से साबित करता है कि सामाजिक सुधार का राजनीतिक सुधार से कोई लेना–देना नहीं है? यदि मैं मामले का दूसरा पक्ष प्रस्तुत करूँ तो यह मामले को समझने में हमारी मदद करेगा। मैं अपने तथ्यों के लिए अछूतों के साथ किए गए व्यवहार का हवाला दूँगा।

मराठा देश में पेशवाओं के शासन के तहत अछूतों को सार्वजनिक सड़कों का उपयोग करने की अनुमति नहीं थी, अगर कोई हिंदू उनके पास से गुजर रहा हो, ताकि वह अपनी छाया से हिंदू को प्रदूषित न कर दे। अछूतों को अपनी कलाई या गर्दन में एक काला धागा बाँधना पड़ता था, जो एक संकेत या निशान के रूप में होता था, ताकि हिंदू गलती से उनके स्पर्श से खुद को प्रदूषित न कर लें। पेशवा की राजधानी पूना में, अछूतों को अपनी कमर से एक झाड़ू बाँधकर ले जाना पड़ता था, ताकि वह जिस धूल पर चले, उसे साफ कर सके, ताकि उस पर चलने वाला हिंदू प्रदूषित न हो जाए। पूना में, अछूतों को अपने गले में एक मिट्टी का बर्तन लटकाकर ले जाना पड़ता था, ताकि वे जहाँ भी जाएँ, अपने थूक को संभाल कर रखें, ताकि उनका थूक धरती पर न गिरे और अनजाने में उस पर चलने वाला हिंदू प्रदूषित न हो जाए। मैं हाल के कुछ और तथ्यों पर बात करूँगा। मध्य भारत के अछूत समुदाय, बलाई पर हिंदुओं द्वारा किए गए अत्याचार से मेरा उद्देश्य पूरा होगा। आपको 4 जनवरी 1928 के टाइम्स ऑफ इंडिया में इसकी प्रतिलिपि मिलेगी। टाइम्स ऑफ इंडिया के संवाददाता ने बताया कि उच्च जाति के हिंदुओं, अर्थात कलोता, राजपूत और ब्राह्मणों सहित कनरिया, बिचौली–हफसी, बिचौली–मरदाना और इंदौर जिले (इंदौर राज्य के) के लगभग 15 अन्य गाँवों के पटेल और पटवारी ने अपने–अपने गाँवों के बलाई को सूचित किया कि यदि वे उनके बीच रहना चाहते हैं तो उन्हें निम्नलिखित नियमों का पालन करना होगारू 1. बलाई को

सोने के फीते वाली किनारी वाली पगड़ी नहीं पहननी चाहिए। 2. उन्हें रंगीन या फैंसी किनारी वाली धोती नहीं पहननी चाहिए। 3. उन्हें किसी भी हिंदू की मृत्यु की सूचना मृतक के रिश्तेदारों को देनी चाहिए—चाहे वे रिश्तेदार कितनी भी दूर क्यों न रहते हों। 5. बलाई महिलाओं को सोने या चांदी के आभूषण नहीं पहनने चाहिए। उन्हें फैंसी गाउन या जैकेट नहीं पहनने चाहिए। 6. बलाई महिलाओं को हिंदू महिलाओं के कारावास के सभी मामलों में उपस्थित होना चाहिए। 7. बलाई को पारिश्रमिक की मांग किए बिना सेवाएं देनी चाहिए और जो भी हिंदू देना चाहे उसे स्वीकार करना चाहिए। 8. यदि बलाई इन शर्तों का पालन करने के लिए सहमत नहीं हैं तो उन्हें गाँवों से बाहर निकल जाना चाहिए। बलाई ने पालन करने से इनकार कर दियाय और हिंदू तत्व उनके विरूद्ध आगे बढ़े। बलाई को गाँव के कुओं से पानी लेने की अनुमति नहीं थी; उन्हें अपने मवेशियों को चरने के लिए जाने की अनुमति नहीं थी। बलाई को हिंदू के स्वामित्व वाली जमीन से गुजरने की मनाही थी, ताकि अगर बलाई का खेत हिंदुओं के खेतों से घिरा हो, तो बलाई को अपने खेत तक पहुँचने की अनुमति नहीं थी। हिंदू भी अपने मवेशियों को बलाई के खेतों में चरने देते थे। बलाई ने इन उत्पीड़नों के विरूद्ध दरबार में याचिकाएँ प्रस्तुत कींय लेकिन जब उन्हें समय पर कोई राहत नहीं मिली और उत्पीड़न जारी रहा, तो सैकड़ों बलाई अपनी पत्नियों और बच्चों के साथ अपने घरों को छोड़ने के लिए बेबस हो गए, जिसमें उनके पूर्वज पीढ़ियों से रह रहे थे और पड़ोसी राज्यों में पलायन करने के लिए बेबस हुए, यानी धार, देवास, बागली, भोपाल, ग्वालियर और अन्य राज्यों के गाँवों में। उनके साथ उनके नए घरों में क्या हुआ, इस पर फिलहाल हम विचार नहीं कर सकते। गुजरात के कविथा में हुई घटना पिछले साल ही हुई थी। कविथा के हिंदुओं ने अछूतों को आदेश दिया कि वे अपने बच्चों को सरकार द्वारा संचालित सामान्य गाँव के स्कूल में भेजने पर जोर न दें। हिंदुओं की इच्छा के विरूद्ध नागरिक अधिकार का प्रयोग करने की हिम्मत करने के लिए कविथा के अछूतों को जो कष्ट सहना पड़ा, वह इतना प्रसिद्ध

है कि उसका विस्तृत वर्णन करना आवश्यक नहीं है। एक और घटना गुजरात के अहमदाबाद जिले के जानू गाँव में हुई। नवंबर 1935 में संपन्न परिवारों की कुछ अछूत महिलाओं ने धातु के बर्तनों में पानी भरना शुरू कर दिया। हिंदुओं ने अछूतों द्वारा धातु के बर्तनों के उपयोग को अपनी गरिमा का अपमान माना और अछूत महिलाओं को उनकी निर्लज्जता के लिए दंडित किया गया। जयपुर राज्य के चकवारा गाँव में एक ताजा घटना का समाचार है। समाचार पत्रों में छपी सूचना से ऐसा लगता है कि चकवारा के एक अछूत ने तीर्थयात्रा से लौटे अपने गाँव के अछूतों को धार्मिक कार्य के रूप में रात्रि भोज देने का आयोजन किया था। मेजबान ने मेहमानों को शानदार भोजन कराने की इच्छा जताई थी और परोसे गए व्यंजनों में घी (मक्खन) भी शामिल था। लेकिन जब अछूतों की सभा भोजन करने में व्यस्त थी, तो सैकड़ों की संख्या में हिंदू लाठियों से लैस होकर मौके पर पहुँचे, भोजन को नष्ट कर दिया और अछूतों को पीटा, जिन्होंने परोसा गया भोजन छोड़ दिया और अपनी जान बचाने के लिए भाग गए। और निहत्थे अछूतों पर यह जानलेवा हमला क्यों किया गया? इसका कारण यह बताया गया है कि अछूत मेजबान ने इतनी निर्लज्जता दिखाई कि घी परोसा और उसके अछूत मेहमान इतने मूर्ख थे कि उन्होंने उसे चखा। घी निस्संदेह अमीरों के लिए विलासिता है। लेकिन कोई भी यह नहीं सोचेगा कि घी का सेवन उच्च सामाजिक स्थिति का प्रतीक है। चकवाड़ा के हिंदुओं ने अन्यथा सोचा और धार्मिक क्रोध में अछूतों द्वारा उनके साथ किए गए अन्याय का बदला लिया, जिन्होंने घी को अपने भोजन की वस्तु के रूप में मानकर उनका अपमान किया, जबकि उन्हें पता होना चाहिए था कि यह उनका नहीं हो सकता, हिंदुओं की गरिमा के अनुरूप। इसका मतलब यह है कि एक अछूत को घी का उपयोग नहीं करना चाहिए, भले ही वह इसे खरीदने में सक्षम हो, क्योंकि यह हिंदुओं के प्रति अहंकार का कार्य है। यह 1 अप्रैल 1936 को या उसके आसपास हुआ।

तथ्यों को बताने के बाद, अब मैं सामाजिक सुधार के मामले को बताता हूँ। ऐसा करते हुए, मैं श्री बोनर्जी का यथासंभव अनुसरण

करूँगा और राजनीतिक सोच वाले हिंदुओं से पूछूँगा "क्या आप राजनीतिक सत्ता के योग्य हैं, भले ही आप अछूतों जैसे अपने ही देशवासियों के एक बड़े वर्ग को सार्वजनिक स्कूल का उपयोग करने की अनुमति नहीं देते हैं? क्या आप राजनीतिक सत्ता के योग्य हैं, भले ही आप उन्हें सार्वजनिक कुओं का उपयोग करने की अनुमति नहीं देते हैं? क्या आप राजनीतिक सत्ता के लिए योग्य हैं, भले ही आप उन्हें सार्वजनिक सड़कों का उपयोग करने की अनुमति नहीं देते? क्या आप राजनीतिक सत्ता के लिए योग्य हैं, भले ही आप उन्हें अपनी पसंद के कपड़े या आभूषण पहनने की अनुमति नहीं देते? क्या आप राजनीतिक सत्ता के लिए योग्य हैं, भले ही आप उन्हें अपनी पसंद का खाना खाने की अनुमति नहीं देते?" मैं ऐसे कई प्रश्न पूछ सकता हूँ। लेकिन ये पर्याप्त होंगे। मुझे आश्चर्य है कि श्री बोनर्जी का उत्तर क्या होता। मुझे विश्वाश है कि कोई भी बुद्धिमान आदमी सकारात्मक उत्तर देने का साहस नहीं कर पाएगा। हर कांग्रेसी जो मिल के इस सिद्धांत को दोहराता है कि एक देश दूसरे देश पर शासन करने के योग्य नहीं है, उसे यह स्वीकार करना चाहिए कि एक वर्ग दूसरे वर्ग पर शासन करने के योग्य नहीं है।

फिर समाज सुधार दल ने लड़ाई कैसे हार ली? इसे ठीक से समझने के लिए यह ध्यान रखना आवश्यक है कि सुधारक किस तरह के समाज सुधार के लिए आंदोलन कर रहे थे। इस संबंध में हिंदू परिवार के सुधार के अर्थ में समाज सुधार और हिंदू समाज के पुनर्गठन और पुनर्निर्माण के अर्थ में समाज सुधार के बीच अंतर करना आवश्यक है। पहले का संबंध विधवा पुनर्विवाह, बाल विवाह आदि से है, जबकि दूसरे का संबंध जाति व्यवस्था के उन्मूलन से है। सामाजिक सम्मेलन एक ऐसा निकाय था जो मुख्य रूप से उच्च जाति के हिंदू परिवार के सुधार से संबंधित था। इसमें ज्यादातर प्रबुद्ध उच्च जाति के हिंदू शामिल थे, जिन्हें जाति के उन्मूलन के लिए आंदोलन करने की आवश्यकता महसूस नहीं हुई या उनके पास इसके लिए आंदोलन करने का साहस नहीं था। उन्हें स्वाभाविक रूप से ऐसी बुराइयों को दूर

करने की अधिक इच्छा महसूस हुई जैसे कि जबरन विधवापन, बाल विवाह आदि, जो कि उनके बीच व्याप्त थीं और जिन्हें वे व्यक्तिगत रूप से महसूस करते थे। वे हिंदू समाज के सुधार के लिए खड़े नहीं हुए। जो लड़ाई लड़ी गई वह परिवार के सुधार के सवाल पर केंद्रित थी। इसका जाति व्यवस्था को तोड़ने के अर्थ में सामाजिक सुधार से कोई संबंध नहीं था। सुधारकों ने इसे कभी मुद्दा नहीं बनाया। यही कारण है कि सामाजिक सुधार दल हार गया।

मुझे पता है कि यह तर्क इस तथ्य को नहीं बदल सकता कि वास्तव में राजनीतिक सुधार ने सामाजिक सुधार पर वरीयता प्राप्त की। लेकिन इस तर्क का इतना महत्व है, यदि इससे अधिक नहीं। यह बताता है कि सामाजिक सुधार लड़ाई क्यों हार गए। यह हमें यह समझने में भी मदद करता है कि राजनीतिक सुधार दल ने सामाजिक सुधार दल पर जो जीत हासिल की, वह कितनी सीमित थी और यह विचार कि सामाजिक सुधार को राजनीतिक सुधार से पहले नहीं होना चाहिए, एक ऐसा विचार है जो केवल तभी सही हो सकता है जब सामाजिक सुधार से तात्पर्य परिवार के सुधार से हो। यह कि राजनीतिक सुधार समाज के पुनर्निर्माण के अर्थ में सामाजिक सुधार पर बिना किसी दंड के वरीयता नहीं ले सकता, एक ऐसा प्रसंग है जिसका, मुझे विश्वाश है, खंडन नहीं किया जा सकता। यह कि राजनीतिक संविधानों के निर्माताओं को सामाजिक ताकतों को ध्यान में रखना चाहिए, एक ऐसा तथ्य है जिसे कार्ल मार्क्स के मित्र और सहकर्मी फर्डिनेंड लासेल से कम किसी व्यक्ति ने नहीं पहचाना है। 1862 में प्रशिया के दर्शकों को संबोधित करते हुए लासेल ने कहाः

"संवैधानिक प्रश्न प्रथम दृष्टया अधिकार के प्रश्न नहीं, बल्कि शक्ति के प्रश्न हैं। किसी देश के वास्तविक संविधान का अस्तित्व केवल उस देश में विद्यमान शक्ति की वास्तविक स्थिति में ही होता हैः इसलिए राजनीतिक संविधानों का मूल्य और स्थायित्व तभी होता है जब वे उन शक्तियों की स्थितियों को सटीक रूप से व्यक्त करते हैं जो समाज में व्यवहार में विद्यमान होती हैं।"

लेकिन प्रशिया जाने की जरूरत नहीं है। घर पर ही सबूत मौजूद हैं। सांप्रदायिक पुरस्कार का क्या महत्व है, जिसमें विभिन्न वर्गों और समुदायों को निर्धारित अनुपात में राजनीतिक शक्ति आवंटित की गई है? मेरे विचार में, इसका महत्व इस बात में निहित है कि राजनीतिक संविधान को सामाजिक संगठन पर ध्यान देना चाहिए। यह दर्शाता है कि जिन राजनेताओं ने इस बात से इनकार किया कि भारत में सामाजिक समस्या का राजनीतिक समस्या से कोई लेना–देना है, उन्हें संविधान तैयार करते समय सामाजिक समस्या पर विचार करने के लिए मजबूर होना पड़ा। सांप्रदायिक पुरस्कार सामाजिक सुधार की उदासीनता और उपेक्षा के बाद आने वाली पराजय है। यह सामाजिक सुधार पार्टी की जीत है जो दर्शाती है कि पराजित होने के बावजूद वे सामाजिक सुधार के महत्व पर जोर देने में सही थे। मैं जानता हूँ कि बहुत से लोग इस निष्कर्ष को स्वीकार नहीं करेंगे। यह दृष्टिकोण प्रचलित है, और इस पर विश्वास करना सुखद है, कि सांप्रदायिक पुरस्कार अप्राकृतिक है और यह अल्पसंख्यकों और नौकरशाही के बीच एक अपवित्र गठबंधन का परिणाम है। अगर यह कहा जाता है कि यह अच्छा साक्ष्य नहीं है, तो मैं अपने तर्क का समर्थन करने के लिए सांप्रदायिक पुरस्कार पर भरोसा नहीं करना चाहता। आइए आयरलैंड की ओर मुड़ें। आयरिश स्वराज्य का इतिहास क्या दर्शाता है? यह सर्वविदित है कि उल्स्टर और दक्षिणी आयरलैंड के प्रतिनिधियों के बीच वार्ता के दौरान, आयरलैंड के प्रतिनिधि श्री रेडमंड ने उल्स्टर को पूरे आयरलैंड के लिए एक समान होम रूल संविधान में लाने के लिए उल्स्टर के प्रतिनिधियों से कहारू "आप जो भी राजनीतिक सुरक्षा चाहते हैं, मांगें और आपको वह मिल जाएगी।" उल्स्टर के लोगों ने क्या उत्तर दिया? उनका उत्तर था "लानत है आपकी सुरक्षा की, हम किसी भी शर्त पर आपके द्वारा शासित नहीं होना चाहते।" जो लोग भारत में अल्पसंख्यकों को दोषी ठहराते हैं, उन्हें यह विचार करना चाहिए कि अगर अल्पसंख्यकों ने उल्स्टर जैसा रवैया अपनाया होता, तो बहुसंख्यकों की राजनीतिक आकांक्षाओं का क्या होता। आयरिश होम रूल के प्रति उल्स्टर के रवैये

को देखते हुए, क्या यह कुछ भी नहीं है कि अल्पसंख्यक बहुसंख्यकों द्वारा शासित होने के लिए सहमत हुए, जिन्होंने राजनेता की बहुत अधिक समझ नहीं दिखाई है, बशर्ते उनके लिए कुछ सुरक्षा उपाय तैयार किए गए हों? लेकिन यह केवल आकस्मिक है। मुख्य प्रश्न यह है कि उल्स्टर ने ऐसा रवैया क्यों अपनाया? मैं केवल यही उत्तर दे सकता हूँ कि उल्स्टर और दक्षिणी आयरलैंड के बीच एक सामाजिक समस्या थी, कैथोलिक और प्रोटेस्टेंट के बीच समस्या, मूलतः जाति की समस्या। वह स्वराज्य आयरलैंड में रोम का शासन होगा, यह वह तरीका था जिससे उल्स्टरमेन ने अपना उत्तर तैयार किया था। लेकिन यह केवल यह कहने का एक और तरीका है कि यह कैथोलिक और विरोध करने वाले के बीच जाति की सामाजिक समस्या थी, जिसने राजनीतिक समस्या के समाधान को रोका। इस साक्ष्य को फिर से चुनौती दी जानी तय है। यह तर्क दिया जाएगा कि यहाँ भी साम्राज्यवादियों का हाथ काम कर रहा था। लेकिन मेरे संसाधन समाप्त नहीं हुए हैं। मैं रोम के इतिहास से साक्ष्य दूँगा। यहाँ कोई भी यह नहीं कह सकता कि कोई दुष्ट प्रतिभा काम कर रही थी। जिसने भी रोम के इतिहास का अध्ययन किया है, वह जानता होगा कि रोम के गणतंत्र संविधान में सांप्रदायिक पुरस्कार से बहुत समानता थी। जब रोम में राजत्व समाप्त कर दिया गया, तो राजसी शक्ति या साम्राज्य को कौंसल और पोंटिफेक्स मैक्सिमस के बीच विभाजित किया गया। कौंसल मंध राजा का धर्मनिरपेक्ष अधिकार निहित था, जबकि बाद वाले ने राजा के धार्मिक अधिकार को अपने हाथ में ले लिया। इस गणतंत्रीय संविधान में यह प्रावधान था कि दो कौंसल में से एक पैट्रिशियन और दूसरा प्लेबियन होगा। इसी संविधान में यह भी प्रावधान था कि पोंटिफेक्स मैक्सिमस के अधीन पुजारियों में से आधे प्लेबियन और बाकी आधे पैट्रिशियन होंगे। ऐसा क्यों है कि रोम के गणतंत्रीय संविधान में ये प्रावधान थे, जैसा कि मैंने कहा, सांप्रदायिक पुरस्कार के प्रावधानों से इतने मिलते–जुलते हैं? इसका एकमात्र उत्तर यह है कि गणतंत्रीय रोम के संविधान को पैट्रिशियन और प्लेबियन के बीच सामाजिक विभाजन

को ध्यान में रखना था, जो दो अलग–अलग जातियाँ थीं। संक्षेप में, राजनीतिक सुधारकों को अपनी पसंद की किसी भी दिशा में जाने दें, वे पाएंगे कि संविधान बनाते समय, वे मौजूदा सामाजिक व्यवस्था से उत्पन्न होने वाली समस्या को अनदेखा नहीं कर सकते।

मैंने जो उदाहरण इस बात के समर्थन में लिए हैं कि सामाजिक और धार्मिक समस्याओं का राजनीतिक संविधानों पर प्रभाव पड़ता है, वे बहुत ही विशिष्ट प्रतीत होते हैं। शायद वे हैं। लेकिन यह नहीं माना जाना चाहिए कि एक का दूसरे पर असर सीमित है। दूसरी ओर, कोई यह कह सकता है कि आम तौर पर इतिहास इस प्रस्ताव को सही साबित करता है कि राजनीतिक क्रांतियों से पहले हमेशा सामाजिक और धार्मिक क्रांतियाँ होती रही हैं।

लूथर द्वारा शुरू किया गया धार्मिक सुधार यूरोपीय लोगों की राजनीतिक मुक्ति का अग्रदूत था। इंग्लैंड में प्यूरिटनवाद ने राजनीतिक स्वतंत्रता की स्थापना की। प्यूरिटनवाद ने नई दुनिया की नींव रखी। यह प्यूरिटनवाद ही था जिसने अमेरिकी स्वतंत्रता के युद्ध को जीता और प्यूरिटनवाद एक धार्मिक आंदोलन था। मुस्लिम साम्राज्य के बारे में भी यही सच है। अरबों के राजनीतिक शक्ति बनने से पहले वे पैगंबर मोहम्मद द्वारा शुरू की गई एक पूरी तरह से धार्मिक क्रांति से गुजर चुके थे। यहां तक कि भारतीय इतिहास भी उसी निष्कर्ष का समर्थन करता है। चंद्रगुप्त के नेतृत्व वाली राजनीतिक क्रांति से पहले बुद्ध की धार्मिक और सामाजिक क्रांति हुई थी। शिवाजी के नेतृत्व वाली राजनीतिक क्रांति से पहले महाराष्ट्र के संतों द्वारा धार्मिक और सामाजिक सुधार लाया गया था। सिखों की राजनीतिक क्रांति से पहले गुरु नानक के नेतृत्व वाली धार्मिक और सामाजिक क्रांति हुई थी। और उदाहरण देना अनावश्यक है। ये उदाहरण यह दिखाने के लिए पर्याप्त होंगे कि लोगों के राजनीतिक विस्तार के लिए मन और आत्मा की मुक्ति एक आवश्यक प्रारंभिक कदम है।

III

अब मैं समाजवादियों की बात करता हूँ। क्या समाजवादी सामाजिक व्यवस्था से उत्पन्न होने वाली समस्या को नजरअंदाज कर सकते हैं? यूरोप के अपने साथियों का अनुसरण करते हुए भारत के समाजवादी भारत के तथ्यों पर इतिहास की आर्थिक व्याख्या लागू करने की कोशिश कर रहे हैं। वे यह प्रतिपादित करते हैं कि मनुष्य एक आर्थिक प्राणी है, उसकी गतिविधियाँ और आकांक्षाएँ आर्थिक तथ्यों से बंधी हैं, संपत्ति ही शक्ति का एकमात्र स्रोत है। शक्ति का एकमात्र स्रोत है। इसलिए, वे प्रचार करते हैं कि राजनीतिक और सामाजिक सुधार बहुत बड़े भ्रम हैं और संपत्ति के बराबरीकरण द्वारा आर्थिक सुधार को हर अन्य प्रकार के सुधार पर प्राथमिकता दी जानी चाहिए। कोई भी इनमें से हर उस परिसर के मुद्दे से जुड़ सकता है जिस पर आर्थिक सुधार के लिए समाजवादियों का मामला बाकी सभी प्रकार के सुधारों पर प्राथमिकता रखता है। कोई यह तर्क दे सकता है कि आर्थिक उद्देश्य ही एकमात्र ऐसा उद्देश्य नहीं है जिसके द्वारा मनुष्य प्रेरित होता है। वह आर्थिक शक्ति ही एकमात्र ऐसी शक्ति है जिसे मानव समाज का कोई भी विद्यार्थी स्वीकार नहीं कर सकता। किसी व्यक्ति की सामाजिक स्थिति अक्सर शक्ति और अधिकार का स्रोत बन जाती है, यह उस प्रभाव से स्पष्ट हो जाता है जो महात्माओं ने आम आदमी पर रखा है। भारत में करोड़पति दरिद्र साधुओं और फकीरों की आज्ञा क्यों मानते हैं? भारत में लाखों कंगाल लोग अपनी छोटी–मोटी चीजें, जो उनकी एकमात्र संपत्ति है, बेचकर बनारस और मक्का क्यों जाते हैं? धर्म शक्ति का स्रोत है, यह भारत के इतिहास से स्पष्ट होता है, जहाँ पुजारी का आम आदमी पर अक्सर मजिस्ट्रेट से भी अधिक प्रभाव होता है और जहाँ हर चीज, यहां तक कि हड़ताल और चुनाव जैसी चीजें भी आसानी से धार्मिक मोड़ ले लेती हैं और कर सकती हैं। इतनी आसानी से धार्मिक मोड़ दिया जा सकता है। मनुष्य पर धर्म की शक्ति के एक और उदाहरण के रूप में रोम के प्लेबियन के मामले को लें। यह इस बिंदु पर बहुत प्रकाश डालता है। प्लेब्स ने रोमन गणराज्य के तहत

सर्वोच्च कार्यकारिणी में हिस्सेदारी के लिए लड़ाई लड़ी थी और कमिटिया सेंटुरियाटा द्वारा गठित एक अलग निर्वाचन मंडल द्वारा चुने गए प्लेबियन कौंसल की नियुक्ति हासिल की थी, जो प्लेबियनों की एक सभा थी। वे अपना स्वयं का एक कौंसल चाहते थे क्योंकि उन्हें लगता था कि पेट्रीशियन कौंसल प्रशासन चलाने में प्लेबियन लोगों के साथ भेदभाव करते थे। साफ तौर पर उन्हें बहुत बड़ा लाभ हुआ था क्योंकि रोम के रिपब्लिकन संविधान के तहत एक कौंसल के पास दूसरे कौंसल के किसी कार्य को वीटो करने की शक्ति थी। लेकिन क्या उन्हें वास्तव में कुछ प्राप्त हुआ? इस प्रश्न का उत्तर नकारात्मक होना चाहिए। प्लेबियन कभी भी ऐसा प्लेबियन कौंसल नहीं पा सके जिसे एक मजबूत व्यक्ति कहा जा सके और जो पैट्रिशियन कौंसल से स्वतंत्र रूप से कार्य कर सके। सामान्य तौर पर प्लेबियन को एक मजबूत प्लेबियन कौंसल मिलना चाहिए था क्योंकि उसका चुनाव प्लेबियन के एक अलग निर्वाचन मंडल द्वारा किया जाना था। प्रश्न यह है कि वे अपने कौंसल के रूप में कार्य करने के लिए एक मजबूत प्लेबियन को पाने में क्यों विफल रहे? इस प्रश्न का उत्तर उस प्रभुत्व को प्रकट करता है जो धर्म मनुष्यों के मन पर रखता है। यह पूरे रोमन पॉपुलस का एक स्वीकृत पंथ था कि कोई भी अधिकारी अपने कार्यालय के कर्तव्यों को तब तक नहीं निभा सकता जब तक कि डेल्फी के ओरेकल ने घोषणा नहीं की कि वह देवी को स्वीकार्य है। डेल्फी की देवी के मंदिर के प्रभारी पुजारी सभी पैट्रिशियन थे। इसलिए जब भी प्लेबियन किसी ऐसे कौंसल को चुनते थे जो पैट्रिशियन के विरुद्ध एक मजबूत दल के आदमी के रूप में जाना जाता था या भारत में प्रचलित शब्द "सांप्रदायिक" का इस्तेमाल करते थे, तो ऑरेकल हमेशा यह घोषित करता था कि वह देवी को स्वीकार्य नहीं है। इस तरह प्लेबियन अपने अधिकारों से वंचित हो गए। लेकिन ध्यान देने योग्य बात यह है कि प्लेबियन ने खुद को इस तरह से ठगा क्योंकि वे भी पैट्रिशियन की तरह ही इस दृढ़ विश्वास पर अड़े रहे कि देवी की स्वीकृति किसी अधिकारी द्वारा अपने कर्तव्यों का कार्यभार संभालने के लिए एक शर्त है और

लोगों द्वारा चुनाव करना पर्याप्त नहीं है। अगर प्लेबियन यह तर्क देते कि चुनाव ही पर्याप्त है और देवी की स्वीकृति आवश्यक नहीं है तो उन्हें अपने द्वारा प्राप्त राजनीतिक अधिकार से पूरा लाभ मिल सकता था। लेकिन उन्होंने ऐसा नहीं किया। वे दूसरे को चुनने के लिए सहमत हो गए, जो उनके लिए कम उपयुक्त था लेकिन देवी के लिए अधिक उपयुक्त था जिसका वास्तव में मतलब था पैट्रिशियन के लिए अधिक अनुकूल। धर्म को छोड़ने के बजाय, प्लेबियन ने भौतिक लाभ को छोड़ दिया जिसके लिए उन्होंने इतनी मेहनत की थी।

कठिन। क्या यह नहीं दर्शाता कि धर्म शक्ति का उतना ही स्रोत हो सकता है जितना कि धन? समाजवादियों की भ्रांति यह मानने में है कि चूंकि यूरोपीय समाज के वर्तमान चरण में शक्ति के स्रोत के रूप में संपत्ति प्रमुख है, इसलिए भारत के लिए भी यही सत्य है या अतीत में यूरोप के लिए भी यही सत्य था। धर्म, सामाजिक स्थिति और संपत्ति सभी शक्ति और अधिकार के स्रोत हैं, जो एक व्यक्ति के पास दूसरे की स्वतंत्रता को नियंत्रित करने के लिए है। एक चरण में एक प्रमुख है, दूसरे चरण में दूसरा प्रमुख है। बस यही अंतर है। यदि स्वतंत्रता आदर्श है, यदि स्वतंत्रता का अर्थ है एक व्यक्ति द्वारा दूसरे पर रखे गए प्रभुत्व का विनाश, तो स्पष्ट रूप से इस बात पर जोर नहीं दिया जा सकता कि आर्थिक सुधार ही एकमात्र ऐसा सुधार होना चाहिए जिसे अपनाया जाना चाहिए। यदि किसी समय या किसी समाज में शक्ति और प्रभुत्व का स्रोत सामाजिक और धार्मिक है, तो सामाजिक सुधार और धार्मिक सुधार को आवश्यक प्रकार के सुधार के रूप में स्वीकार किया जाना चाहिए।

इस प्रकार भारत के समाजवादियों द्वारा अपनाए गए इतिहास की आर्थिक व्याख्या के सिद्धांत पर हमला किया जा सकता है। लेकिन मैं मानता हूँ कि इतिहास की आर्थिक व्याख्या समाजवादी तर्क की वैधता के लिए आवश्यक नहीं है कि संपत्ति का समानीकरण ही एकमात्र वास्तविक सुधार है और इसे हर चीज से पहले होना चाहिए। हालांकि, मैं समाजवादियों से यह पूछना चाहता हूँ: क्या आप सामाजिक व्यवस्था

में सुधार लाए बिना आर्थिक सुधार कर सकते हैं? भारत के समाजवादियों ने इस प्रश्न पर विचार नहीं किया है। मैं उनके साथ अन्याय नहीं करना चाहता। मैं नीचे एक पत्र का उद्धरण दे रहा हूँ जो एक प्रमुख समाजवादी ने कुछ दिन पहले मेरे एक मित्र को लिखा था जिसमें उन्होंने कहा था, "मुझे विश्वास नहीं है कि हम भारत में एक स्वतंत्र समाज का निर्माण कर सकते हैं जब तक कि एक वर्ग द्वारा दूसरे वर्ग के साथ इस तरह के दुर्व्यवहार और दमन का कोई निशान मौजूद है। जैसा कि मैं एक समाजवादी आदर्श में विश्वास करता हूँ, अपरिहार्य रूप से। मैं विभिन्न वर्गों और समूहों के साथ व्यवहार में पूर्ण समानता में विश्वास करता हूँ। मुझे लगता है कि समाजवाद इस समस्या के साथ–साथ अन्य समस्याओं का एकमात्र सच्चा समाधान है।" अब मैं जो प्रश्न पूछना चाहता हूँ वह यह है: क्या एक समाजवादी के लिए यह कहना पर्याप्त है कि, "मैं विभिन्न वर्गों के साथ व्यवहार में पूर्ण समानता में विश्वास करता हूँ?" यह कहना कि ऐसा विश्वास पर्याप्त है, समाजवाद में क्या शामिल है, इसकी पूरी समझ का अभाव प्रकट करता है। यदि समाजवाद एक व्यावहारिक कार्यक्रम है और केवल एक आदर्श, दूरगामी और दूरगामी नहीं है, तो समाजवादी के लिए प्रश्न यह नहीं है कि वह समानता में विश्वास करता है या नहीं। उसके लिए प्रश्न यह है कि क्या वह एक वर्ग द्वारा व्यवस्था के रूप में, सिद्धांत के रूप में दूसरे वर्ग के साथ दुर्व्यवहार और दमन करने तथा इस प्रकार अत्याचार और उत्पीड़न को एक वर्ग को दूसरे वर्ग से अलग करने की अनुमति देने से परेशान है। अपनी बात को पूरी तरह से स्पष्ट करने के लिए मैं समाजवाद की प्राप्ति में शामिल कारकों का विश्लेषण करूँगा। अब यह स्पष्ट है कि समाजवादियों द्वारा परिकल्पित आर्थिक सुधार तब तक नहीं हो सकता जब तक कि सत्ता पर कब्जा करने वाली क्रांति न हो। सत्ता पर कब्जा सर्वहारा वर्ग द्वारा ही होना चाहिए। पहला सवाल जो मैं पूछता हूँ वह यह है: क्या भारत का सर्वहारा वर्ग इस क्रांति को लाने के लिए एकजुट होगा? लोगों को ऐसा करने के लिए क्या प्रेरित करेगा? मुझे लगता है कि अन्य चीजें समान होने पर एक व्यक्ति को

ऐसा करने के लिए केवल एक ही चीज प्रेरित करेगी और वह यह भावना है कि जिस व्यक्ति के साथ वह काम कर रहा है वह समानता और भाईचारे की भावना से प्रेरित है और सबसे बढ़कर न्याय की भावना से। लोग संपत्ति के समानीकरण के लिए क्रांति में तब तक शामिल नहीं होंगे जब तक उन्हें यह पता न हो कि क्रांति के बाद उनके साथ समान व्यवहार किया जाएगा और जाति और धर्म के आधार पर कोई भेदभाव नहीं होगा। क्रांति का नेतृत्व करने वाले एक समाजवादी का यह आश्वासन कि वह जाति में विश्वास नहीं करता, मुझे यकीन है, पर्याप्त नहीं होगा। यह आश्वासन बहुत गहरे आधार से आने वाला आश्वासन होना चाहिए, अर्थात, व्यक्तिगत समानता और भाईचारे की भावना में एक दूसरे के प्रति देशवासियों का मानसिक रवैया। क्या यह कहा जा सकता है कि भारत का सर्वहारा वर्ग, जो गरीब है, अमीर और गरीब के अलावा किसी और भेद को नहीं पहचानता? क्या यह कहा जा सकता है कि भारत में गरीब जाति या धर्म, ऊँच–नीच जैसे किसी भेद को नहीं पहचानता? अगर सच यह है कि वे पहचानते हैं, तो ऐसे सर्वहारा वर्ग से अमीरों के विरूद्ध कार्रवाई में किस तरह की एकता की उम्मीद की जा सकती है? अगर सर्वहारा वर्ग एकजुट मोर्चा नहीं बना सकता, तो क्रांति कैसे हो सकती है? मान लीजिए कि किसी अप्रत्याशित घटना से क्रांति हो जाती है और समाजवादी सत्ता में आ जाते हैं, तो क्या उन्हें भारत में प्रचलित विशेष सामाजिक व्यवस्था द्वारा पैदा की गई समस्याओं से नहीं जूझना पड़ेगा? मैं यह नहीं समझ सकता कि भारत में एक समाजवादी राज्य एक सेकंड के लिए भी कैसे काम कर सकता है, बिना उन पूर्वाग्रहों द्वारा पैदा की गई समस्याओं से जूझे, जो भारतीय लोगों को ऊँच–नीच, स्वच्छ–अस्वच्छ का भेद करने पर मजबूर करते हैं। यदि समाजवादियों को केवल बढ़िया मुहावरे बोलने से संतुष्ट नहीं होना है, यदि समाजवादी समाजवाद को एक निश्चित वास्तविकता बनाना चाहते हैं तो उन्हें यह पहचानना होगा कि सामाजिक सुधार की समस्या मौलिक है और उनके लिए इससे बचने का कोई रास्ता नहीं है। भारत में प्रचलित सामाजिक व्यवस्था एक ऐसा मामला है जिससे

समाजवादी को निपटना ही होगा, कि जब तक वह ऐसा नहीं करता, वह अपनी क्रांति को प्राप्त नहीं कर सकता और यदि वह सौभाग्य से इसे प्राप्त कर भी लेता है तो उसे अपने आदर्श को प्राप्त करने के लिए इससे जूझना होगा, यह एक ऐसा प्रस्ताव है जो मेरे विचार में निर्विवाद है। यदि वह क्रांति से पहले जाति का ध्यान नहीं रखता है तो उसे क्रांति के बाद जाति का ध्यान रखना ही पड़ेगा। यह कहने का एक और तरीका है कि आप जिस दिशा में चाहें मुड़ें, जाति वह राक्षस है जो आपके रास्ते में आता है। जब तक आप इस राक्षस को नहीं मारते, आप राजनीतिक सुधार नहीं कर सकते, आप आर्थिक सुधार नहीं कर सकते।

IV

यह दुखद है कि जाति के आज भी समर्थक हैं। कई समर्थक हैं। इसका बचाव इस आधार पर किया जाता है कि जाति व्यवस्था श्रम विभाजन का दूसरा नाम है और यदि श्रम विभाजन हर सभ्य समाज की अनिवार्य विशेषता है तो यह तर्क दिया जाता है कि जाति व्यवस्था में कुछ भी गलत नहीं है। अब इस दृष्टिकोण के विरुद्ध सबसे पहले यह तर्क दिया जाना चाहिए कि जाति व्यवस्था केवल श्रम विभाजन नहीं है। यह श्रमिकों का विभाजन भी है। सभ्य समाज को निस्संदेह श्रम विभाजन की आवश्यकता है। लेकिन किसी भी सभ्य समाज में श्रम विभाजन के साथ–साथ श्रमिकों का यह अप्राकृतिक विभाजन नहीं होता। जाति व्यवस्था केवल श्रमिकों का विभाजन नहीं है जो श्रम विभाजन से बिल्कुल अलग है–यह एक पदानुक्रम है जिसमें श्रमिकों के विभाजन को एक के ऊपर एक रखा जाता है। किसी अन्य देश में श्रम विभाजन के साथ–साथ श्रमिकों का यह वर्गीकरण नहीं होता। जाति व्यवस्था के इस दृष्टिकोण के विरुद्ध आलोचना का एक तीसरा बिंदु भी है। श्रम का यह विभाजन स्वतःस्फूर्त नहीं है, यह प्राकृतिक योग्यताओं पर आधारित नहीं है। सामाजिक और व्यक्तिगत दक्षता के लिए हमें व्यक्ति की क्षमता को इस हद तक विकसित करना होगा कि वह अपना करियर खुद चुन सके और बना सके। जाति व्यवस्था में इस सिद्धांत

का उल्लंघन किया जाता है क्योंकि इसमें व्यक्तियों को पहले से ही काम सौंपने का प्रयास शामिल है, जिनका चयन प्रशिक्षित मूल क्षमताओं के आधार पर नहीं, बल्कि माता–पिता की सामाजिक स्थिति के आधार पर किया जाता है। दूसरे दृष्टिकोण से देखा जाए तो व्यवसायों का यह स्तरीकरण जो जाति व्यवस्था का परिणाम है, निश्चित रूप से हानिकारक है। उद्योग कभी स्थिर नहीं रहता। इसमें तेजी से और अचानक परिवर्तन होते हैं। ऐसे परिवर्तनों के साथ व्यक्ति को अपना व्यवसाय बदलने की स्वतंत्रता होनी चाहिए। बदलती परिस्थितियों के साथ खुद को समायोजित करने की ऐसी स्वतंत्रता के बिना उसके लिए अपनी आजीविका प्राप्त करना असंभव होगा। अब जाति व्यवस्था हिंदुओं को उन व्यवसायों को अपनाने की अनुमति नहीं देगी जहाँ वे चाहते हैं यदि वे वंशानुगत रूप से उनके नहीं हैं। जहाँ वे वांछित हैं, यदि वे वंशानुगत रूप से उनके नहीं हैं। यदि कोई हिंदू अपनी जाति के अलावा किसी अन्य व्यवसाय को अपनाने के एलावा भूखा मरता हुआ दिखाई देता है, तो इसका कारण जाति व्यवस्था में पाया जा सकता है। व्यवसायों के पुनः समायोजन की अनुमति न देकर, जाति देश में देखी जाने वाली अधिकांश बेरोजगारी का प्रत्यक्ष कारण बन जाती है। श्रम विभाजन के एक रूप के रूप में जाति व्यवस्था एक अन्य गंभीर दोष से ग्रस्त है। जाति व्यवस्था द्वारा लाया गया श्रम विभाजन पसंद के आधार पर विभाजन नहीं है। व्यक्तिगत भावना, व्यक्तिगत वरीयता का इसमें कोई स्थान नहीं है। यह पूर्वनियति के सिद्धांत पर आधारित है। सामाजिक दक्षता के विचार हमें यह पहचानने के लिए बाध्य करेंगे कि औद्योगिक प्रणाली में सबसे बड़ी बुराई गरीबी और उससे जुड़ी पीड़ा नहीं है, बल्कि यह तथ्य है कि बहुत से लोगों के पास ऐसे व्यवसाय हैं जो उन लोगों को आकर्षित नहीं करते जो उनमें लगे हुए हैं। ऐसे व्यवसाय लगातार व्यक्ति को घृणा, दुर्भावना और बचने की इच्छा के लिए उकसाते हैं। भारत में ऐसे कई व्यवसाय हैं, जिन्हें हिंदू लोग इसलिए नीच मानते हैं, क्योंकि वे उन व्यवसायों में लगे लोगों को नापसंद करते हैं। ऐसे व्यवसायों से बचने और उनसे बचने की इच्छा हमेशा बनी

रहती है, क्योंकि हिंदू धर्म द्वारा उन पर लगाए गए कलंक और अपमान के कारण, इन व्यवसायों को अपनाने वालों पर इनका बुरा असर पड़ता है। ऐसी व्यवस्था में क्या कुशलता हो सकती है, जिसमें न तो लोगों का दिल और न ही उनका दिमाग अपने काम में लगा हो? इसलिए एक आर्थिक संगठन के रूप में जाति एक हानिकारक संस्था है, क्योंकि इसमें मनुष्य की प्राकृतिक शक्तियों और प्रवृत्तियों को सामाजिक नियमों की आवश्यकताओं के अधीन कर दिया जाता है।

V

कुछ लोगों ने जाति व्यवस्था के बचाव में जैविक खाई खोदी है। ऐसा कहा जाता है कि जाति का उद्देश्य नस्ल की शुद्धता और रक्त की शुद्धता को बनाए रखना था। अब नृवंशविज्ञानियों का मानना है कि शुद्ध वंश के लोग कहीं नहीं पाए जाते और दुनिया के सभी हिस्सों में सभी नस्लों का मिश्रण रहा है। खास तौर पर भारत के लोगों के मामले में ऐसा ही है। श्री डी.आर. भंडारकर ने हिंदू आबादी में विदेशी तत्वों पर अपने शोधपत्र में कहा है कि "भारत में शायद ही कोई ऐसा वर्ग या जाति हो जिसमें कोई विदेशी वंश न हो। विदेशी रक्त का मिश्रण न केवल राजपूतों और मराठों जैसे योद्धा वर्गों में है, बल्कि ब्राह्मणों में भी है, जो इस सुखद भ्रम में हैं कि वे सभी विदेशी तत्वों से मुक्त हैं।" जाति व्यवस्था को नस्लों के मिश्रण को रोकने या रक्त की शुद्धता बनाए रखने के साधन के रूप में विकसित नहीं कहा जा सकता। वास्तव में जाति व्यवस्था भारत की विभिन्न नस्लों के रक्त और संस्कृति में मिल जाने के बहुत बाद अस्तित्व में आई। यह मानना कि जाति के भेद या वास्तव में वंश के भेद हैं और विभिन्न जातियों के साथ ऐसा व्यवहार करना मानो वे बहुत सी अलग–अलग वंसज हों, तथ्यों का घोर उल्लंघन है। पंजाब के ब्राह्मण और मद्रास के ब्राह्मण के बीच क्या नस्लीय समानता है? बंगाल के अछूत और मद्रास के अछूत के बीच क्या नस्लीय समानता है? पंजाब के ब्राह्मण और पंजाब के चमार के बीच क्या नस्लीय अंतर है? मद्रास के ब्राह्मण और मद्रास के परिया के बीच क्या नस्लीय अंतर है? पंजाब का ब्राह्मण नस्ल के हिसाब से

पंजाब के चमार के समान है और मद्रास का ब्राह्मण मद्रास के परिया के समान नस्ल का है। जाति व्यवस्था नस्लीय विभाजन को परिभाषित नहीं करती है। जाति व्यवस्था एक ही नस्ल के लोगों का सामाजिक विभाजन है। हालांकि, इसे नस्लीय विभाजन का मामला मानते हुए कोई पूछ सकता है: अगर भारत में विभिन्न जातियों के बीच अंतर्विवाह के जरिए नस्लों और रक्त के मिश्रण की अनुमति दी जाए तो इससे क्या नुकसान हो सकता है? मनुष्य निस्संदेह जानवरों से अलग हैं। मनुष्य और जानवरों के बीच इतना गहरा अंतर है कि विज्ञान मनुष्य और जानवरों को दो अलग–अलग प्रजातियों के रूप में पहचानता है। लेकिन वंशजो की शुद्धता में विश्वास करने वाले वैज्ञानिक भी यह दावा नहीं करते कि अलग–अलग नस्लें मनुष्य की अलग–अलग प्रजातियाँ हैं। वे एक ही प्रजाति की किस्में हैं। इस तरह वे आपस में प्रजनन कर सकते हैं और ऐसी संतान पैदा कर सकते हैं जो प्रजनन करने में सक्षम हो और जो बांझ न हो। जाति व्यवस्था के बचाव में आनुवंशिकता और सुजनन विज्ञान के बारे में बहुत बकवास बातें की जाती हैं। अगर जाति व्यवस्था सुजनन विज्ञान के मूल सिद्धांत के अनुरूप होती तो बहुत कम लोग इस पर आपत्ति करते क्योंकि विवेकपूर्ण संभोग द्वारा नस्ल के सुधार पर बहुत कम लोग आपत्ति कर सकते हैं। लेकिन कोई यह समझने में विफल रहता है कि जाति व्यवस्था विवेकपूर्ण संभोग को कैसे सुरक्षित करती है। जाति व्यवस्था एक नकारात्मक चीज है। यह केवल विभिन्न जातियों के लोगों को आपस में विवाह करने से रोकती है। यह किसी जाति के दो लोगों में से किसको विवाह करना चाहिए, इसका चयन करने का सकारात्मक तरीका नहीं है। अगर जाति की उत्पत्ति सुजनन विज्ञान से हुई है तो उपजातियों की उत्पत्ति भी सुजनन विज्ञान से हुई होगी। लेकिन क्या कोई गंभीरता से यह कह सकता है कि उपजातियों की उत्पत्ति सुजनन विज्ञान से हुई है? मुझे लगता है कि इस तरह के प्रस्ताव का समर्थन करना बेतुका होगा और इसका कारण बहुत स्पष्ट है। अगर जाति का मतलब नस्ल है तो उपजातियों के अंतर का मतलब नस्ल के अंतर नहीं हो सकता क्योंकि उपजातियाँ एक ही

नस्ल की उप–विभाजन बन जाती हैं। परिणामस्वरूप, उप–जातियों के बीच अंतर्जातीय विवाह और अंतर्जातीय भोजन पर रोक नस्ल या रक्त की शुद्धता बनाए रखने के उद्देश्य से नहीं हो सकती। यदि उप–जातियाँ मूल रूप से सुजननिक नहीं हो सकतीं, तो इस तर्क में कोई दम नहीं हो सकता कि जाति मूल रूप से सुजननिक है। फिर से, यदि जाति मूल रूप से सुजननिक है, तो अंतर्जातीय विवाह पर रोक को समझा जा सकता है। लेकिन जातियों और उप–जातियों के बीच अंतर्जातीय भोजन पर लगाए गए प्रतिबंध का उद्देश्य क्या है? अंतर्जातीय भोजन रक्त को संक्रमित नहीं कर सकता और इसलिए यह नस्ल के सुधार या गिरावट का कारण नहीं हो सकता। इससे पता चलता है कि जाति का कोई वैज्ञानिक मूल नहीं है और जो लोग इसे सुजननिक आधार देने का प्रयास कर रहे हैं, वे विज्ञान द्वारा उस बात का समर्थन करने का प्रयास कर रहे हैं जो घोर अवैज्ञानिक है। वैज्ञानिक उत्पत्ति और जो लोग इसे सुजननिक आधार देने का प्रयास कर रहे हैं, वे विज्ञान के द्वारा उस बात का समर्थन करने का प्रयास कर रहे हैं जो घोर अवैज्ञानिक है। आज भी सुजननिकी एक व्यावहारिक संभावना नहीं बन सकती जब तक कि हमें आनुवंशिकता के नियमों के बारे में निश्चित ज्ञान न हो। प्रोफेसर बेटसन ने अपने मेंडल के आनुवंशिकता के सिद्धांतों में कहा है, "उच्च मानसिक गुणों के वंश में ऐसा कुछ भी नहीं है जो यह सुझाव दे कि वे संचरण की किसी एक प्रणाली का पालन करते हैं। यह संभावना है कि वे और शारीरिक शक्तियों का अधिक स्पष्ट विकास किसी एक आनुवंशिक तत्व के होने के बजाय कई कारकों के संयोग से होता है।" यह तर्क देना कि जाति व्यवस्था अपनी अवधारणा में सुजननिक थी, वर्तमान हिंदुओं के पूर्वजों को आनुवंशिकता का ज्ञान देना है जो आधुनिक वैज्ञानिकों के पास भी नहीं है। एक पेड़ का मूल्यांकन उसके द्वारा दिए जाने वाले फलों से किया जाना चाहिए। यदि जाति सुजननिक है तो उसने किस प्रकार की मानव जाति को जन्म दिया होगा? शारीरिक रूप से हिंदू लोग हैं। वे बौने और बौने लोगों की एक जाति हैं, जो कद में छोटे और सहनशक्ति में कमजोर

हैं। यह एक ऐसा राष्ट्र है जिसका 9/10वाँ हिस्सा सैन्य सेवा के लिए अयोग्य घोषित किया गया है। इससे पता चलता है कि जाति व्यवस्था आधुनिक वैज्ञानिकों के सुजनन विज्ञान को मूर्त रूप नहीं देती है। यह एक सामाजिक व्यवस्था है जो हिंदुओं के एक विकृत वर्ग के अहंकार और स्वार्थ को मूर्त रूप देती है, जो सामाजिक स्थिति में इतने श्रेष्ठ थे कि इसे भूषाचार में डाल दिया और जिन्हें इसे अपने से कमतर लोगों पर थोपने का अधिकार था।

VI

जाति से आर्थिक दक्षता नहीं आती। जाति जाति को बेहतर नहीं बना सकती और न ही बना पाई है। हालांकि जाति ने एक काम किया है। इसने हिंदुओं को पूरी तरह से अव्यवस्थित और हतोत्साहित कर दिया है।

सबसे पहली और महत्वपूर्ण बात जो पहचाननी चाहिए वह यह है कि हिंदू समाज एक प्रतीकात्मक कथा है। हिंदू नाम अपने आप में एक विदेशी नाम है। इसे मुसलमानों ने मूल निवासियों को स्वयं को अलग दिखाने के उद्देश्य से दिया था। मुसलमानों के आक्रमण से पहले किसी भी संस्कृत ग्रंथ में इसका उल्लेख नहीं मिलता। उन्हें एक सामान्य नाम की आवश्यकता महसूस नहीं हुई क्योंकि उन्हें यह नहीं पता था कि वे एक समुदाय का गठन कर चुके हैं। हिंदू समाज का अस्तित्व ही नहीं है। यह केवल जातियों का एक समूह है। प्रत्येक जाति अपने अस्तित्व के प्रति सचेत है। इसका अस्तित्व ही इसके अस्तित्व का सार है। जातियाँ संघ भी नहीं बनाती हैं। किसी जाति को यह एहसास ही नहीं होता कि वह अन्य जातियों से जुड़ी हुई है, एलावा इसके कि जब हिंदू–मुस्लिम दंगा होता है। अन्य सभी अवसरों पर प्रत्येक जाति खुद को अलग करने और खुद को अन्य जातियों से अलग करने का प्रयास करती है। प्रत्येक जाति न केवल आपस में भोजन करती है और आपस में विवाह करती है बल्कि प्रत्येक जाति अपनी अलग पोशाक भी निर्धारित करती है। भारत के पुरुषों और महिलाओं द्वारा पहने जाने वाले अनगिनत परिधानों की और क्या व्याख्या हो सकती है जो पर्यटकों

को इतना लुभाते हैं? वास्तव में आदर्श हिंदू को अपने बिल में रहने वाले चूहे की तरह होना चाहिए जो दूसरों से कोई संपर्क रखने से इनकार करता है। हिंदुओं में जिसे समाजशास्त्री "प्रकृति की चेतना" कहते हैं, उसका पूर्ण अभाव है। हिंदू में प्रकृति की कोई चेतना नहीं है। प्रत्येक हिंदू में जो चेतना विद्यमान है, वह उसकी जाति की चेतना है। यही कारण है कि हिंदुओं को समाज या राष्ट्र बनाने वाला नहीं कहा जा सकता। हालांकि ऐसे कई भारतीय हैं जिनकी देशभक्ति उन्हें यह स्वीकार करने की अनुमति नहीं देती कि भारतीय एक राष्ट्र नहीं हैं, कि वे केवल लोगों का एक अनाकार समूह हैं। उन्होंने जोर देकर कहा है कि स्पष्ट विविधता के पीछे एक मौलिक एकता है जो हिंदुओं के जीवन को चिह्नित करती है क्योंकि आदतों और रीति–रिवाजों, विश्वासों और विचारों में समानता है जो पूरे भारत महाद्वीप में पाई जाती है। आदतों और रीति–रिवाजों, विश्वासों और विचारों में समानता है। लेकिन कोई यह निष्कर्ष नहीं मान सकता कि हिंदू समाज का निर्माण करते हैं। ऐसा करना समाज के निर्माण के लिए आवश्यक तत्वों को गलत समझना है। मनुष्य भौतिक निकटता में रहने से समाज नहीं बनता, ठीक उसी तरह जैसे मनुष्य अन्य मनुष्यों से कई मील दूर रहने से अपने समाज का सदस्य नहीं रह जाता। दूसरी बात यह है कि आदतों और रीति–रिवाजों, विश्वासों और विचारों में समानता ही मनुष्य को समाज बनाने के लिए पर्याप्त नहीं है। चीजें ईंटों की तरह एक से दूसरे में भौतिक रूप से स्थानांतरित हो सकती हैं। इसी तरह एक समूह की आदतें और रीति–रिवाज, विश्वास और विचार दूसरे समूह द्वारा अपनाए जा सकते हैं और इस प्रकार दोनों के बीच समानता दिखाई दे सकती है। संस्कृति प्रसार द्वारा फैलती है और इसीलिए विभिन्न आदिम जनजातियों के बीच उनकी आदतों और रीति–रिवाजों, विश्वासों और विचारों के मामले में समानता पाई जाती है, हालांकि वे निकटता में नहीं रहते। लेकिन कोई यह नहीं कह सकता कि इस समानता के कारण आदिम जनजातियाँ एक समाज का निर्माण करती हैं। ऐसा इसलिए है क्योंकि कुछ चीजों में समानता समाज का निर्माण करने के लिए पर्याप्त नहीं है। मनुष्य

एक समाज का निर्माण इसलिए करते हैं क्योंकि उनके पास ऐसी चीजें होती हैं जो उनके पास समान होती हैं। समान चीजें होना, समान चीजों के होने से बिलकुल अलग है। और एक ही तरीका है जिससे लोग एक दूसरे के साथ समान चीजें रख सकते हैं, वह है एक दूसरे के साथ संवाद में रहना। यह कहने का एक और तरीका है कि समाज संचार के जरिए ही अस्तित्व में रहता है, वास्तव में संचार में ही। इसे ठोस रूप देने के लिए, यह पर्याप्त नहीं है कि लोग दूसरों के कामों से सहमत तरीके से काम करें। समानांतर गतिविधि, भले ही समान हो, लोगों को समाज में बाँधने के लिए पर्याप्त नहीं है। यह इस तथ्य से साबित होता है कि हिंदुओं में विभिन्न जातियों द्वारा मनाए जाने वाले त्यौहार एक जैसे हैं। फिर भी विभिन्न जातियों द्वारा समान त्यौहारों के इन समानांतर प्रदर्शनों ने उन्हें एक अभिन्न इकाई में नहीं बाँधा है। इस प्रयोजन के लिए यह आवश्यक है कि मनुष्य एक सामान्य गतिविधि में हिस्सा ले ताकि उसमें वही भावनाएँ जागृत हों जो दूसरों को प्रेरित करती हैं। व्यक्ति को संबंधित गतिविधि में भागीदार बनाना ताकि वह इसकी सफलता को अपनी सफलता और इसकी विफलता को अपनी विफलता समझे, यही वह वास्तविक चीज है जो लोगों को जोड़ती है और उनसे समाज बनाती है। जाति व्यवस्था सामान्य गतिविधि को रोकती है और सामान्य गतिविधि को रोककर इसने हिंदुओं को एक एकीकृत जीवन और अपने अस्तित्व की चेतना वाला समाज बनने से रोका है।

VII

हिंदू अक्सर किसी गिरोह या गुट के अलगाव और बहिष्कार की शिकायत करते हैं और उन्हें समाज विरोधी भावना के लिए दोषी ठहराते हैं। लेकिन वे आसानी से भूल जाते हैं कि यह समाज विरोधी भावना उनकी अपनी जाति व्यवस्था की सबसे खराब विशेषता है। एक जाति दूसरी जाति के विरुद्ध हीन का गीत गाने में उतना ही आनंद लेती है जितना कि पिछले युद्ध के दौरान जर्मनों ने अंग्रेजों के खिलाफ नफरत का गीत गाने में लिया था। हिंदुओं का साहित्य जाति वंशावली से भरा पड़ा है जिसमें एक जाति को एक महान मूल और दूसरी

जातियों को एक नीच मूल देने की कोशिश की गई है। *सह्याद्रिखंड* इस तरह के साहित्य का एक कुख्यात उदाहरण है। यह समाज विरोधी भावना केवल जाति तक ही सीमित नहीं है। यह और भी गहरी हो गई है और इसने उपजातियों के आपसी संबंधों को भी विषाक्त कर दिया है। मेरे प्रांत में गोलक ब्राह्मण, देवरुखा ब्राह्मण, कराड़ा ब्राह्मण, पालशे ब्राह्मण और चितपावन ब्राह्मण, सभी ब्राह्मण जाति की उप–शाखा होने का दावा करते हैं। लेकिन उनके बीच व्याप्त असामाजिक भावना उतनी ही स्पष्ट और उतनी ही विषैली है जितनी कि उनके और अन्य गैर–ब्राह्मण जातियों के बीच व्याप्त असामाजिक भावना। इसमें कुछ भी अजीब नहीं है। असामाजिक भावना तब पाई जाती है जब किसी समूह के "अपने हित" होते हैं जो उसे अन्य समूहों के साथ पूर्ण संपर्क से दूर रखते हैं, ताकि उसका प्रमुख उद्देश्य उसके पास जो कुछ है उसकी रक्षा करना हो। यह असामाजिक भावना, अपने हितों की रक्षा करने की भावना अलग–अलग जातियों की एक–दूसरे से अलग–थलग रहने की उतनी ही विशेषता है जितनी कि राष्ट्रों की अलग–थलग रहने की। अपने हितों की रक्षा करना विभिन्न जातियों की एक दूसरे से अलग रहने की उतनी ही विशेषता है जितनी कि राष्ट्रों की एक दूसरे से अलग रहने की। ब्राह्मण की प्राथमिक चिंता गैर–ब्राह्मणों के विरुद्ध "अपने हितों" की रक्षा करना है और गैर–ब्राह्मणों की प्राथमिक चिंता ब्राह्मणों के विरुद्ध अपने हितों की रक्षा करना है। इसलिए, हिंदू केवल जातियों का समूह नहीं हैं, बल्कि वे अनेक युद्धरत समूह हैं जो अपने लिए और अपने स्वार्थी आदर्श के लिए जीते हैं। जाति की एक और विशेषता है जो निंदनीय है। वर्तमान अंग्रेजों के पूर्वज रोजेस और क्रोमवेलियन युद्ध में एक या दूसरे पक्ष से लड़े थे। लेकिन एक पक्ष से लड़ने वालों के वंशज दूसरी ओर से लड़ने वालों के वंशजों के प्रति कोई शत्रुता या कोई द्वेष नहीं रखते। शत्रुता भूल गई है। लेकिन वर्तमान गैर–ब्राह्मण अपने पूर्वजों द्वारा शिवाजी का अपमान करने के लिए वर्तमान ब्राह्मणों को माफ नहीं कर सकते। आज के कायस्थ अपने पूर्वजों द्वारा अपने पूर्वजों पर किए गए कलंक के लिए आज के ब्राह्मणों

को माफ नहीं करेंगे। यह अंतर किस कारण से है? जाहिर है जाति व्यवस्था के कारण। जाति और जाति चेतना के अस्तित्व ने जातियों के बीच अतीत के झगड़ों की यादों को ताजा रखने का काम किया है और एकजुटता को रोका है।

VIII

बहिष्कृत और आंशिक रूप से सम्मिलित क्षेत्रों के बारे में हाल ही में हुई चर्चा ने भारत में आदिवासी जनजातियों की स्थिति की ओर ध्यान आकर्षित किया है। इनकी संख्या लगभग 13 मिलियन है, यदि इससे अधिक नहीं। नए संविधान से उनका बहिष्कार उचित है या अनुचित, इस सवाल के अलावा, तथ्य अभी भी बना हुआ है कि ये आदिवासी अपनी आदिम असभ्य अवस्था में एक ऐसे देश में बने हुए हैं, जो हजारों साल पुरानी सभ्यता का दावा करता है। न केवल वे सभ्य नहीं हैं, बल्कि उनमें से कुछ ऐसे काम करते हैं, जिनके कारण उन्हें अपराधी माना जाता है। सभ्यता के बीच रहने वाले तेरह लाख लोग अभी भी बर्बर अवस्था में हैं और वंशानुगत अपराधियों का जीवन जी रहे हैं! लेकिन हिंदुओं को कभी इस पर शर्म नहीं आई। यह एक ऐसी घटना है जो मेरे विचार से बिल्कुल बेमिसाल है।

इस शर्मनाक स्थिति का कारण क्या है? इन आदिवासियों को सभ्य बनाने और उन्हें जीवनयापन के अधिक सम्मानजनक तरीके अपनाने के लिए प्रेरित करने का कोई प्रयास क्यों नहीं किया गया? हिंदू शायद आदिवासियों की इस बर्बर स्थिति का कारण उन्हें जन्मजात मूर्खता बताकर बताना चाहेंगे। वे शायद यह स्वीकार नहीं करेंगे कि आदिवासी इसलिए बर्बर बने हुए हैं क्योंकि उन्होंने उन्हें सभ्य बनाने, उन्हें चिकित्सा सहायता देने, उन्हें सुधारने, उन्हें अच्छे नागरिक बनाने का कोई प्रयास नहीं किया। लेकिन मान लीजिए कि एक हिंदू इन आदिवासियों के लिए वही करना चाहता जो ईसाई मिशनरी कर रहे हैं, तो क्या वह ऐसा कर सकता था? मैं कहता हूँ नहीं। आदिवासियों को सभ्य बनाने का अर्थ है उन्हें अपना बनाना, उनके बीच रहना और

उनके प्रति सहानुभूति रखना, संक्षेप में उनसे प्रेम करना। एक हिंदू के लिए ऐसा करना कैसे संभव है? उसका पूरा जीवन अपनी जाति को बचाए रखने के लिए एक व्यग्र प्रयास है। जाति उसकी अमूल्य संपत्ति है जिसे उसे किसी भी कीमत पर बचाना चाहिए। वह वैदिक काल के घृणित अनार्यों के अवशेषों आदिवासियों से संपर्क स्थापित करके इसे खोने के लिए सहमत नहीं हो सकता। ऐसा नहीं है कि हिंदू को पतित मानवता के प्रति कर्तव्य की भावना नहीं सिखाई जा सकती, लेकिन समस्या यह है कि कर्तव्य की कोई भी भावना उसे अपनी जाति को बचाने के कर्तव्य पर विजय पाने में सक्षम नहीं बना सकती। इसलिए, जाति ही वास्तविक व्याख्या है कि क्यों हिंदू ने अपनी सभ्यता के बीच जंगली लोगों को बिना शर्मिंदगी या पश्चाताप या पश्चाताप की भावना के जंगली बने रहने दिया। हिंदू को यह एहसास नहीं हुआ कि ये आदिवासी संभावित खतरे का स्रोत हैं। अगर ये जंगली लोग जंगली बने रहे तो वे हिंदुओं को कोई नुकसान नहीं पहुँचा सकते। लेकिन अगर गैर–हिंदुओं ने उन्हें वापस ले लिया और उनके धर्म में परिवर्तित कर दिया तो वे हिंदुओं के शत्रुओ की कतार में सम्मिलित हो जाएँगे। अगर ऐसा हुआ तो हिंदू को स्वयं को और अपनी जाति व्यवस्था को धन्यवाद देना होगा।

IX

हिंदुओं ने न केवल बर्बर लोगों को सभ्य बनाने के मानवीय उद्देश्य के लिए कोई प्रयास नहीं किया है अपितु उच्च जाति के हिंदुओं ने जानबूझकर हिंदू धर्म के दायरे में आने वाली निचली जातियों को उच्च जातियों के सांस्कृतिक स्तर तक बढ़ने से रोका है। मैं दो उदाहरण दूँगा, एक सोनार और दूसरा पठारे प्रभु। दोनों ही समुदाय महाराष्ट्र में काफी प्रसिद्ध हैं। अपनी स्थिति को ऊपर उठाने की इच्छा रखने वाले बाकी समुदायों की तरह ये दोनों समुदाय भी एक समय में ब्राह्मणों के कुछ तौर–तरीके और आदतें अपनाने का प्रयास कर रहे थे। सोनार खुद को दैवज्ञ ब्राह्मण कहते थे और अपनी "धोती" सिलवटों के साथ पहनते थे और अभिवादन के लिए *नमस्कार* शब्द का प्रयोग करते थे।

"धोती" पहनने का मुड़ा हुआ तरीका और *नमस्कार* दोनों ही ब्राह्मणों के लिए विशेष थे। ब्राह्मणों को यह नकल और सोनारों द्वारा ब्राह्मणों के रूप में प्रस्तुत होने का यह प्रयास पसंद नहीं आया। पेशवाओं के अधिकार में ब्राह्मणों ने सोनारों द्वारा ब्राह्मणों के तरीके अपनाने के इस प्रयास को सफलतापूर्वक दबा दिया। उन्होंने बॉम्बे में ईस्ट इंडिया कंपनी के निपटान की परिषदों के अध्यक्ष से बॉम्बे में रहने वाले सोनारों के खिलाफ निषेधाज्ञा भी जारी करवा ली। एक समय में पठारे प्रभुओं की जाति में विधवा–पुनर्विवाह की प्रथा थी। विधवा–पुनर्विवाह की इस प्रथा को बाद में जाति के कुछ सदस्यों द्वारा सामाजिक हीनता का प्रतीक माना जाने लगा, खासकर इसलिए क्योंकि यह ब्राह्मणों में प्रचलित प्रथा के विपरीत थी। अपने समुदाय की स्थिति को ऊपर उठाने के उद्देश्य से कुछ पठारे प्रभुओं ने अपनी जाति में प्रचलित विधवा–पुनर्विवाह की इस प्रथा को रोकने की कोशिश की। समुदाय दो खेमों में बंट गया, एक पक्ष में और दूसरा इस नवीनता के विरूद्ध स पेशवाओं ने विधवा–पुनर्विवाह के पक्ष में लोगों का पक्ष लिया और इस तरह पठारे प्रभुओं को ब्राह्मणों के तरीकों का पालन करने से लगभग प्रतिबंधित कर दिया। हिंदू मुसलमानों की आलोचना करते हैं कि उन्होंने तलवार के बल पर अपना धर्म फैलाया। प्रभुओं ने अपनी जाति में प्रचलित विधवा–पुनर्विवाह की प्रथा को रोकने का प्रयास किया। समुदाय दो खेमों में बंट गया, एक पक्ष में और दूसरा इस प्रथा के विरुद्ध। पेशवाओं ने विधवा–पुनर्विवाह के पक्ष में खड़े लोगों का पक्ष लिया और इस तरह पथरे प्रभुओं को ब्राह्मणों के तरीकों पर चलने से लगभग रोक दिया। हिंदू मुसलमानों की आलोचना करते हैं कि उन्होंने तलवार के बल पर अपना धर्म फैलाया। वे ईसाई धर्म का भी मजाक उड़ाते हैं। लेकिन वास्तव में कहें तो हमारे सम्मान के अधिक योग्य मुसलमान और ईसाई कौन हैं, जिन्होंने अनिच्छुक व्यक्तियों के गले में वह थोपने का प्रयास किया, जिसे वे उनके उद्धार के लिए आवश्यक मानते थे या हिंदू जो प्रकाश नहीं फैलाएगा, जो दूसरों को अंधकार में रखने का प्रयास करेगा, जो अपनी बौद्धिक और सामाजिक विरासत को

उन लोगों के साथ साझा करने के लिए सहमत नहीं होगा, जो इसे अपने स्वयं के निर्माण का हिस्सा बनाने के लिए तैयार और इच्छुक हैं? मुझे यह कहने में कोई संकोच नहीं है कि अगर मुसलमान क्रूर रहा है, तो हिंदू नीच रहा है और नीचता क्रूरता से भी गइगुजरी है।

X

हिंदू धर्म प्रचारक धर्म था या नहीं, यह एक विवादास्पद मुद्दा रहा है। कुछ लोगों का मानना है कि यह कभी प्रचारक धर्म नहीं था। दूसरे मानते हैं कि यह था। यह स्वीकार करना होगा कि हिंदू धर्म कभी मिशनरी धर्म था। अगर यह प्रचारक धर्म नहीं होता तो यह पूरे भारत में फैल ही नहीं सकता था। आज यह प्रचारक धर्म नहीं है, यह भी एक तथ्य है जिसे स्वीकार करना होगा। इसलिए प्रश्न यह नहीं है कि हिंदू धर्म प्रचारक धर्म था या नहीं। वास्तविक प्रश्न यह है कि हिंदू धर्म प्रचारक धर्म क्यों नहीं रहा? मेरा उत्तर यह है। हिंदू धर्म प्रचारक धर्म नहीं रहा जब हिंदुओं में जाति व्यवस्था बढ़ी। जाति धर्मांतरण के साथ असंगत है। धर्मांतरण में विश्वास और हठधर्मिता की भावना ही एकमात्र समस्या नहीं है। धर्मांतरण के संबंध में समुदाय के सामाजिक जीवन में धर्मांतरित व्यक्ति के लिए स्थान ढूँढ़ना एक और अधिक महत्वपूर्ण समस्या है। वह समस्या यह है कि धर्मांतरित व्यक्ति को कहाँ रखा जाए, किस जाति में? यह एक ऐसी समस्या है जो हर उस हिंदू को उलझन में डाल सकती है जो विदेशियों को अपने धर्म में धर्मांतरित करना चाहता है। संघ के विपरीत जाति की सदस्यता सभी के लिए खुली नहीं है। जाति का कानून इसकी सदस्यता को जाति में जन्मे व्यक्ति तक सीमित करता है। जातियाँ स्वायत्त हैं और कहीं भी ऐसा कोई प्राधिकार नहीं है जो किसी जाति को अपने सामाजिक जीवन में नए व्यक्ति को शामिल करने के लिए बाध्य करे। हिंदू समाज जातियों का एक समूह है और प्रत्येक जाति एक करीबी निगम है, इसलिए धर्मांतरित व्यक्ति के लिए कोई स्थान नहीं है। इस प्रकार यह जाति ही है जिसने हिंदुओं को विस्तार करने और अन्य धार्मिक समुदायों को अपने में समाहित करने से रोका है। जब तक जाति रहेगी, हिंदू धर्म को

प्रचारक धर्म नहीं बनाया जा सकता और *शुद्धि* मूर्खता और निरर्थकता दोनों होगी।

XI

जिन कारणों ने हिंदुओं के लिए *शुद्धि* को असंभव बना दिया है, वे *संगठन* को असंभव बनाने के लिए भी जिम्मेदार हैं। *संगठन* के पीछे का विचार हिंदू के मन से उस डरपोकपन और कायरता को दूर करना है जो उसे मुसलमान और सिख से इतनी दर्दनाक रूप से दूर कर देता है और जिसने उसे खुद की रक्षा के लिए विश्वासघात और चालाकी के निम्न तरीकों को अपनाने के लिए प्रेरित किया है। स्वाभाविक रूप से सवाल उठता हैः सिख या मुसलमान को अपनी ताकत कहां से मिलती है जो उसे बहादुर और निडर बनाती है? मुझे यकीन है कि यह शारीरिक शक्ति, आहार या अभ्यास की सापेक्ष श्रेष्ठता के कारण नहीं है। यह इस भावना से उत्पन्न होने वाली ताकत के कारण है कि जब कोई सिख खतरे में होता है तो सभी सिख उसकी मदद के लिए आगे आते हैं और जब कोई मुसलमान हमला करेगा तो सभी मुसलमान उसे बचाने के लिए दौड़ पड़ेंगे। हिंदू ऐसी कोई शक्ति प्राप्त नहीं कर सकता। वह यह आश्वस्त नहीं हो सकता कि उसके साथी उसकी सहायता के लिए आएंगे। एक होने और अकेले रहने के कारण वह शक्तिहीन रहता है, उसमें डरपोकपन और कायरता विकसित होती है और लड़ाई में वह आत्मसमर्पण कर देता है या भाग जाता है। सिख और मुसलमान दोनों ही निडर होकर लड़ते हैं क्योंकि वे जानते हैं कि एक होने के बावजूद वे अकेले नहीं हैं। एक में इस विश्वास की उपस्थिति उसे टिके रहने में मदद करती है और दूसरे में इसका अभाव उसे हार मानने पर मजबूर करता है। यदि आप इस मामले को आगे बढ़ाते हैं और पूछते हैं कि ऐसा क्या है जो सिख और मुसलमान को इतना आश्वस्त महसूस कराता है और हिंदू सहायता और सहायता के मामले में इतनी निराशा से क्यों भरा हुआ है तो आप पाएंगे कि इस अंतर का कारण उनके जीवन जीने के तरीके में अंतर है। सिखों और मुसलमानों द्वारा अपनाई गई जीवन–शैली भाईचारा पैदा करती है।

हिंदुओं की जीवन–शैली भाईचारा पैदा नहीं करती। सिखों और मुसलमानों में एक सामाजिक बंधन है जो उन्हें भाई बनाता है। हिंदुओं में ऐसा बंधन नहीं है और एक हिंदू दूसरे हिंदू को अपना भाई नहीं मानता। यही कारण है कि एक सिख कहता है और महसूस करता है कि एक सिख या एक खालसा सवा लाख पुरुषों के बराबर है। यही कारण है कि एक मुसलमान हिंदुओं की भीड़ के बराबर है। यह अंतर निस्संदेह जाति के कारण है। जब तक जाति रहेगी, तब तक संगठन नहीं रहेगा और जब तक संगठन नहीं रहेगा, हिंदू कमजोर और दब्बू रहेगा। हिंदू बहुत सहिष्णु लोग होने का दावा करते हैं। मेरी राय में यह एक गलती है। कई मौकों पर वे असहिष्णु हो सकते हैं और अगर कुछ मौकों पर वे सहिष्णु हैं तो इसका कारण यह है कि वे विरोध करने के लिए बहुत कमजोर हैं या विरोध करने के लिए बहुत उदासीन हैं। हिंदुओं की यह उदासीनता उनके स्वभाव का इतना हिस्सा बन गई है कि एक हिंदू अपमान के साथ–साथ गलत को भी बहुत विनम्रता से सहन कर लेता है। आप उनमें से कुछ को, मॉरिस के शब्दों में कहें तो, "महान लोग छोटे लोगों को कुचलते हैं, बलवान लोग कमजोर लोगों को हराते हैं, क्रूर लोग डरते नहीं, दयालु लोग हिम्मत नहीं करते और बुद्धिमान लोग परवाह नहीं करते।" हिंदू देवताओं के सभी सहनशील होने के कारण, हिंदुओं में अन्याय और उत्पीड़ित लोगों की दयनीय स्थिति की कल्पना करना मुश्किल नहीं है। उदासीनता सबसे खराब प्रकार की बीमारी है जो लोगों को संक्रमित कर सकती है। हिंदू इतने उदासीन क्यों हैं? मेरी राय में यह उदासीनता जाति व्यवस्था का परिणाम है जिसने अच्छे उद्देश्य के लिए भी संगठन और सहयोग को असंभव बना दिया है।

XII

व्यक्ति द्वारा अपने विचारों और विश्वासों, अपनी स्वतंत्रता और हितों को समूह के मानकों, समूह के अधिकार और समूह के हितों के विरुद्ध व्यक्त करना ही सभी सुधारों की शुरुआत है। लेकिन सुधार जारी रहेगा या नहीं, यह इस बात पर निर्भर करता है कि समूह ऐसे व्यक्तिगत दावे के लिए क्या गुंजाइश देता है। यदि समूह ऐसे व्यक्तियों

के साथ व्यवहार में सहिष्णु और निष्पक्ष है, तो वे अपना दावा जारी रखेंगे और अंततः अपने साथियों को बदलने में सफल होंगे। दूसरी ओर, यदि समूह असहिष्णु है और ऐसे व्यक्तियों को दबाने के लिए अपनाए जाने वाले साधनों की परवाह नहीं करता है, तो वे नष्ट हो जाएँगे और सुधार समाप्त हो जाएगा। किसी भी जाति को किसी भी ऐसे व्यक्ति को बहिष्कृत करने का निर्विवाद अधिकार है जो जाति के नियमों को तोड़ने का दोषी है और जब यह महसूस किया जाता है कि बहिष्कार में सामाजिक मेलजोल का पूर्ण अंत शामिल है, तो यह माना जाएगा कि सजा के रूप में बहिष्कार और मृत्यु के बीच वास्तव में कोई विकल्प नहीं है। कोई आश्चर्य नहीं कि व्यक्तिगत हिंदुओं में जाति की बाधाओं को तोड़कर अपनी स्वतंत्रता का दावा करने का साहस नहीं है। यह सच है कि मनुष्य अपने साथियों के साथ नहीं रह सकता। लेकिन यह भी सच है कि वह उनके बिना नहीं रह सकता। वह अपने साथियों का समाज अपनी शर्तों पर बनाना चाहता है। अगर वह इसे अपनी बाजी पर नहीं पा सकता तो वह इसे किसी भी दाँव पर लेने के लिए तैयार रहेगा, चाहे वह पूर्ण समर्पण ही क्यों न हो। ऐसा इसलिए है क्योंकि वह समाज के बिना नहीं रह सकता। एक जाति हमेशा एक व्यक्ति की लाचारी का फायदा उठाने के लिए तैयार रहती है और अपने कोड का अक्षरशः और भाव से पूर्ण अनुपालन करने पर जोर देती है। एक जाति आसानी से स्वयं को एक सुधारक के जीवन को नरक बनाने के लिए एक साजिश में संगठित कर सकती है और अगर साजिश एक अपराध है तो मुझे समझ में नहीं आता कि जाति के नियमों के विपरीत काम करने की हिम्मत करने वाले व्यक्ति को बहिष्कृत करने का प्रयास जैसे नापाक कृत्य को कानून में दंडनीय अपराध क्यों नहीं बनाया जाना चाहिए। लेकिन जैसा कि यह है, कानून भी प्रत्येक जाति को अपनी सदस्यता को विनियमित करने और असहमति जताने वालों को बहिष्कार के साथ दंडित करने की स्वायत्तता देता है। रूढ़िवादियों के हाथों में जाति सुधारों को सताने और सभी सुधारों को मारने के लिए एक शक्तिशाली हथियार रही है।

XIII

हिंदुओं के आचार–विचार पर जाति का प्रभाव बहुत ही निंदनीय है। जाति ने जनभावना को मार डाला है। जाति ने सार्वजनिक दान की भावना को नष्ट कर दिया है। जाति ने जनमत को असंभव बना दिया है। हिंदू का जनसमूह ही उसकी जाति है। उसकी जिम्मेदारी केवल उसकी जाति के प्रति है। उसकी निष्ठा केवल उसकी जाति तक ही सीमित है। सद्‌गुण जाति–बद्ध हो गए हैं और नैतिकता जाति–बद्ध हो गई है। पात्र के प्रति कोई सहानुभूति नहीं है। गुणी की कोई प्रशंसा नहीं है। जरूरतमंदों को कोई दान नहीं है। इस तरह के दुख के लिए कोई प्रतिक्रिया नहीं चाहिए। दान तो है लेकिन वह जाति से आरंभ होता है और जाति पर ही अंतिम होता है। सहानुभूति तो है लेकिन दूसरी जाति के लोगों के लिए नहीं। क्या कोई हिंदू किसी महान और अच्छे व्यक्ति के नेतृत्व को स्वीकार करेगा और उसका अनुसरण करेगा? महात्मा के मामले को छोड़ दें तो इसका उत्तर यह होना चाहिए कि वह किसी नेता का अनुसरण तभी करेगा जब वह उसकी जाति का व्यक्ति होगा। एक ब्राह्मण किसी नेता का तभी अनुसरण करेगा जब वह ब्राह्मण होगा, एक कायस्थ तभी करेगा जब वह कायस्थ होगा और इसी तरह। किसी व्यक्ति की जाति से अलग गुणों की सराहना करने की क्षमता हिंदू में नहीं होती। गुण की सराहना तो होती है, लेकिन तभी जब वह व्यक्ति अपनी ही जाति का हो। पूरी नैतिकता आदिवासी नैतिकता जितनी ही खराब है। मेरी जाति का आदमी, सही हो या गलतय मेरी जाति का आदमी, अच्छा हो या बुरा। यह सद्‌गुण पर खड़े होने और दुर्गुण पर न खड़े होने का मामला नहीं है। यह जाति पर खड़े होने या न खड़े होने का मामला है। क्या हिंदुओं ने अपनी जाति के हित में अपने देश के विरुद्ध देशद्रोह नहीं किया है?

XIV

मुझे आश्चर्य नहीं होगा यदि आपमें से कुछ लोग जाति के कारण होने वाले दुखद प्रभावों की यह थकी हुई कहानी सुनकर थक गए हों। इसमें कुछ भी नया नहीं है। इसलिए मैं समस्या के रचनात्मक पक्ष की

ओर मुड़ता हूँ। यदि आप जाति नहीं चाहते हैं तो आपका आदर्श समाज क्या है, यह एक ऐसा प्रश्न है जो आपसे पूछा जाना निश्चित है। यदि आप मुझसे पूछें, तो मेरा आदर्श स्वतंत्रता, समानता और बंधुत्व पर आधारित समाज होगा। और क्यों नहीं? बंधुत्व पर क्या आपत्ति हो सकती है? मैं किसी की कल्पना नहीं कर सकता। एक आदर्श समाज गतिशील होना चाहिए, एक भाग में हो रहे परिवर्तन को दूसरे भाग में पहुँचाने के लिए चौनलों से भरा होना चाहिए। एक आदर्श समाज में कई हितों को सचेत रूप से संप्रेषित और साझा किया जाना चाहिए। अन्य संघों के साथ संपर्क के विविध और मुक्त बिंदु होने चाहिए। दूसरे शब्दों में सामाजिक अंतर्संचार होना चाहिए। यह बंधुत्व है, जो लोकतंत्र का ही दूसरा नाम है। लोकतंत्र केवल सरकार का एक रूप नहीं है। यह मुख्य रूप से सह–अस्तित्व में रहने का, संयुक्त संचारित अनुभव का एक तरीका है। यह अनिवार्य रूप से साथियों के प्रति सम्मान और श्रद्धा का एक दृष्टिकोण है। स्वतंत्रता पर कोई आपत्ति है? बहुत कम लोग स्वतंत्रता पर आपत्ति करते हैं, जैसे कि मुक्त आवागमन का अधिकार, जीवन और अंग का अधिकार। संपत्ति, औजार और सामग्री के अधिकार के अर्थ में स्वतंत्रता पर कोई आपत्ति नहीं है, क्योंकि ये जीविकोपार्जन के लिए आवश्यक हैं, शरीर को स्वस्थ रखने के लिए। व्यक्ति की शक्तियों के प्रभावी और सक्षम उपयोग से स्वतंत्रता को लाभ क्यों नहीं दिया जाता? जाति के समर्थक जो जीवन, अंग और संपत्ति के अधिकार के अर्थ में स्वतंत्रता की अनुमति देते हैं, वे इस अर्थ में स्वतंत्रता के लिए आसानी से सहमति नहीं देंगे, क्योंकि इसमें किसी के पेशे को चुनने की स्वतंत्रता शामिल है। लेकिन इस तरह की स्वतंत्रता पर आपत्ति करना गुलामी को कायम रखना है। गुलामी का अर्थ केवल अधीनता का एक वैध रूप नहीं है। इसका मतलब समाज की ऐसी स्थिति है जिसमें कुछ लोगों को दूसरों से उन उद्देश्यों को स्वीकार करने के लिए मजबूर किया जाता है जो उनके आचरण को नियंत्रित करते हैं। यह स्थिति तब भी होती है जब कानूनी अर्थों में गुलामी नहीं होती। यह तब पाया जाता है, जब जाति व्यवस्था की तरह, कुछ लोगों

को कुछ निर्धारित व्यवसायों को करने के लिए मजबूर किया जाता है जो उनकी पसंद के नहीं होते। समानता पर कोई आपत्ति? यह स्पष्ट रूप से फ्रांसीसी क्रांति के नारे का सबसे विवादास्पद हिस्सा रहा है। समानता पर आपत्तियाँ उचित हो सकती हैं और किसी को यह स्वीकार करना पड़ सकता है कि सभी लोग समान नहीं हैं। लेकिन इससे क्या? समानता एक कल्पना हो सकती है, लेकिन फिर भी इसे शासन करने वाले सिद्धांत के रूप में स्वीकार करना चाहिए। मनुष्य की शक्ति (1) शारीरिक आनुवंशिकता, (2) माता–पिता की देखभाल, शिक्षा, वैज्ञानिक ज्ञान के संचय के रूप में सामाजिक विरासत या उपहार, वह सब कुछ जो उसे असभ्य से अधिक कुशल बनने में सक्षम बनाता है और अंत में, (3) उसके अपने प्रयासों पर निर्भर है। इन तीनों मामलों में मनुष्य निस्संदेह असमान हैं। लेकिन प्रश्न यह है कि क्या हमें उनके असमान होने के कारण उनके साथ असमान व्यवहार करना चाहिए? यह एक ऐसा प्रश्न है जिसका उत्तर समानता के विरोधियों को देना चाहिए। व्यक्तिवादी के दृष्टिकोण से, मनुष्यों के साथ असमान व्यवहार करना न्यायसंगत हो सकता है, जब तक कि उनके प्रयास असमान हों। प्रत्येक व्यक्ति की शक्तियों के पूर्ण विकास के लिए यथासंभव प्रोत्साहन देना वांछनीय हो सकता है। लेकिन क्या होगा यदि मनुष्यों के साथ पहले दो मामलों में असमान व्यवहार किया जाए? यह स्पष्ट है कि जिन व्यक्तियों के पक्ष में जन्म, शिक्षा, पारिवारिक नाम, व्यावसायिक संबंध और विरासत में मिली संपत्ति होगी, उन्हें ही चुनाव में चुना जाएगा। लेकिन ऐसी परिस्थितियों में चयन योग्य लोगों का चयन नहीं होगा। यह विशेषाधिकार प्राप्त लोगों का चयन होगा। इसलिए, जो कारण हमें तीसरे मामले में लोगों के साथ असमान व्यवहार करने के लिए विवश करता है, वह यह मांग करता है कि पहले दो मामलों में हमें लोगों के साथ यथासंभव समान व्यवहार करना चाहिए। दूसरी ओर यह तर्क दिया जा सकता है कि यदि सामाजिक निकाय के लिए अपने सदस्यों से अधिकतम लाभ प्राप्त करना अच्छा है, तो वह दौड़ की शुरुआत में ही उन्हें यथासंभव समान बनाकर ही उनसे अधिकतम लाभ प्राप्त कर

सकता है। यही एक कारण है कि हम समानता से बच नहीं सकते। लेकिन एक और कारण है कि हमें समानता को स्वीकार करना चाहिए। एक राजनेता बड़ी संख्या में लोगों से संबंधित होता है। उसके पास न तो समय है और न ही ज्ञान कि वह सूक्ष्म अंतर करे और प्रत्येक के साथ समान व्यवहार करे, यानी आवश्यकता या क्षमता के अनुसार। मनुष्यों के साथ समान व्यवहार चाहे कितना भी वांछनीय या उचित क्यों न हो, मानवता वर्गीकरण और वर्गीकरण करने में सक्षम नहीं है। इसलिए, राजनेता को कुछ मोटे और तैयार नियमों का पालन करना चाहिए और वह मोटा और तैयार नियम है कि सभी लोगों के साथ एक जैसा व्यवहार किया जाए, इसलिए नहीं कि वे एक जैसे हैं बल्कि इसलिए कि वर्गीकरण और वर्गीकरण असंभव है। समानता का सिद्धांत स्पष्ट रूप से भ्रामक है लेकिन कुल मिलाकर यह एकमात्र तरीका है जिससे राजनेता राजनीति में आगे बढ़ सकता है जो एक गंभीर व्यावहारिक मामला है और जिसके लिए एक गंभीर व्यावहारिक परीक्षण की आवश्यकता होती है।

XV

लेकिन सुधारकों का एक समूह है जो एक अलग आदर्श रखता है। वे आर्य समाजवादियों के नाम से जाने जाते हैं और सामाजिक संगठन का उनका आदर्श वह है जिसे चातुर्वर्ण्य कहा जाता है या समाज को चार वर्गों में विभाजित करना, न कि भारत में मौजूद चार हजार जातियों में। इसे और अधिक आकर्षक बनाने और विरोध को शांत करने के लिए चातुर्वर्ण्य के समर्थक इस बात पर बहुत ध्यान देते हैं कि उनका चातुर्वर्ण्य जन्म पर नहीं बल्कि गुण पर आधारित है। सबसे पहले, मुझे यह स्वीकार करना चाहिए कि इस चातुर्वर्ण्य के मूल्य–आधार के बावजूद, यह एक ऐसा आदर्श है जिसके साथ मैं खुद को नहीं जोड़ सकता। सबसे पहले, अगर आर्य समाजियों के चातुर्वर्ण्य के तहत किसी व्यक्ति को हिंदू समाज में अपनी योग्यता के अनुसार अपना स्थान लेना है। मुझे समझ में नहीं आता कि आर्य समाजी पुरुषों को ब्राह्मण, क्षत्रिय, वैश्य और शूद्र के रूप में लेबल करने पर क्यों जोर देते हैं। एक विद्वान

व्यक्ति को ब्राह्मण लेबल किए बिना सम्मानित किया जाएगा। एक सैनिक को क्षत्रिय नामित किए बिना सम्मानित किया जाएगा। यदि यूरोपीय समाज अपने सैनिकों और अपने सेवकों को स्थायी नामपत्र दिए बिना सम्मानित करता है, तो हिंदू समाज को ऐसा करने में कठिनाई क्यों होनी चाहिए, यह एक ऐसा प्रश्न है, जिस पर आर्य समाजियों ने विचार करने की परवाह नहीं की है। इन नामपत्र को जारी रखने पर एक और आपत्ति है। सभी सुधार लोगों की धारणाओं, भावनाओं और लोगों तथा वस्तुओं के प्रति मानसिक दृष्टिकोण में परिवर्तन से ही होते हैं। यह सामान्य अनुभव है कि कुछ नाम कुछ धारणाओं और भावनाओं के साथ जुड़ जाते हैं, जो लोगों के लोगों और वस्तुओं के प्रति दृष्टिकोण को निर्धारित करते हैं। ब्राह्मण, क्षत्रिय, वैश्य और शूद्र, ये नाम ऐसे नाम हैं जो प्रत्येक हिंदू के मन में एक निश्चित और स्थिर धारणा से जुड़े हैं। वह धारणा जन्म के आधार पर पदानुक्रम की है। जब तक ये नाम जारी रहेंगे, हिंदू ब्राह्मण, क्षत्रिय, वैश्य और शूद्र को जन्म के आधार पर उच्च और निम्न के पदानुक्रमित विभाजन के रूप में सोचते रहेंगे और उसी के अनुसार कार्य करेंगे। हिंदू को यह सब भूलना होगा। लेकिन यह कैसे हो सकता है यदि पुराने लेबल बने रहें और उसके मन में पुरानी धारणाएँ याद आती रहें। यदि लोगों के मन में नई धारणाएँ पैदा करनी हैं तो उन्हें नए नाम देना आवश्यक है। पुराने नाम को जारी रखना सुधार को निरर्थक बनाना है। इस चातुर्वर्ण्य को, जो मूल्य पर आधारित है, ब्राह्मण, क्षत्रिय, वैश्य, शूद्र जैसे बदबूदार लेबलों द्वारा नामित होने देना, जो जन्म के आधार पर सामाजिक विभाजन का संकेत देते हैं, एक जाल है।

XVI

मेरे लिए यह चातुर्वर्ण्य अपने पुराने नामपत्रो के साथ पूरी तरह से घृणित है और मेरा पूरा अस्तित्व इसके विरूद्ध विद्रोह करता है। लेकिन मैं चातुर्वर्ण्य के प्रति अपनी आपत्ति को केवल भावनाओं के आधार पर नहीं रखना चाहता। इसके विरोध के लिए मेरे पास और भी ठोस आधार हैं। इस आदर्श की बारीकी से जाँच करने पर मुझे यकीन हो गया है

कि सामाजिक संगठन की एक प्रणाली के रूप में, चातुर्वर्ण्य अव्यावहारिक, हानिकारक है और एक दयनीय विफलता साबित हुई है। व्यावहारिक दृष्टिकोण से, चातुर्वर्ण्य की प्रणाली कई कठिनाइयाँ खड़ी करती है, जिन पर इसके समर्थकों ने ध्यान नहीं दिया। जाति के अंतर्निहित सिद्धांत वर्ण के अंतर्निहित सिद्धांत से मौलिक रूप से भिन्न हैं। न केवल वे मौलिक रूप से भिन्न हैं बल्कि वे मौलिक रूप से विरोधी भी हैं। पहला मूल्य पर आधारित है। आप उन लोगों को कैसे मजबूर करेंगे जिन्होंने बिना किसी योग्यता के जन्म के आधार पर उच्च पद प्राप्त किया है कि वे उस पद को त्याग दें? आप लोगों को कैसे मजबूर करेंगे कि वे उस व्यक्ति को उसकी योग्यता के अनुसार पद दें जो जन्म के आधार पर निम्न पद पर है? इसके लिए आपको सबसे पहले जाति व्यवस्था को तोड़ना होगा, ताकि आप वर्ण व्यवस्था की स्थापना कर सकें। आप जन्म के आधार पर चार हजार जातियों को योग्यता के आधार पर चार वर्णों में कैसे घटाएँगे? यह पहली कठिनाई है जिससे चातुर्वर्ण्य के समर्थकों को जूझना होगा। एक दूसरी कठिनाई है जिससे चातुर्वर्ण्य के समर्थकों को जूझना होगा, यदि वे चातुर्वर्ण्य की स्थापना को सफल बनाना चाहते हैं।

चातुर्वर्ण्य का तात्पर्य है कि आप लोगों को चार निश्चित वर्गों में वर्गीकृत कर सकते हैं। क्या यह संभव है? इस संबंध में, जैसा कि आप देखेंगे, चातुर्वर्ण्य का आदर्श प्लेटोनिक आदर्श से बहुत निकटता रखता है। प्लेटो के अनुसार, मनुष्य स्वभाव से ही तीन वर्गों में विभाजित है। कुछ व्यक्तियों में, उनका मानना था कि केवल भूख हावी होती है। उन्होंने उन्हें श्रम और व्यापार वर्ग में रखा। दूसरों ने उन्हें बताया कि भूख से परे, उनमें एक साहसी स्वभाव होता है। उन्होंने उन्हें युद्ध में रक्षक और आंतरिक शांति के संरक्षक के रूप में वर्गीकृत किया। दूसरों ने चीजों के पीछे छिपे सार्वभौमिक कारण को समझने की क्षमता दिखाई। उन्होंने उन्हें लोगों के कानून निर्माता बनाया। प्लेटो के रिपब्लिक की आलोचना, वही आलोचना है जो चातुर्वर्ण्य की प्रणाली पर भी लागू होनी चाहिए, जहाँ तक यह पुरुषों को चार अलग–अलग वर्गों

में सटीक रूप से वर्गीकृत करने की संभावना पर आगे बढ़ती है। प्लेटो के विरुद्ध मुख्य आलोचना यह है कि व्यक्तियों को कुछ स्पष्ट रूप से चिह्नित वर्गों में समूहीकृत करने का उनका विचार मनुष्य और उसकी शक्तियों का एक बहुत ही सतही दृष्टिकोण है। प्लेटो को प्रत्येक व्यक्ति की विशिष्टता, दूसरों के साथ उसकी असंगति, प्रत्येक व्यक्ति के अपने स्वयं के वर्ग बनाने की कोई समझ नहीं थी। उन्हें सक्रिय प्रवृत्तियों की अनंत विविधता और प्रवृत्तियों के संयोजन की कोई पहचान नहीं थी, जिसके लिए एक व्यक्ति सक्षम है। उनके अनुसार, व्यक्तिगत संविधान में कई प्रकार की क्षमताएँ या शक्तियाँ होती हैं। यह सब स्पष्ट रूप से गलत है। आधुनिक विज्ञान ने दिखाया है कि व्यक्तियों को कुछ स्पष्ट रूप से चिह्नित वर्गों में समूहीकृत करना मनुष्य का एक सतही दृ ष्टिकोण है, जो गंभीर विचार के योग्य नहीं है। परिणामस्वरूप, व्यक्तियों के गुणों का उपयोग वर्गों द्वारा उनके आरंभीकरण के साथ असंगत है, क्योंकि व्यक्तियों के गुण बहुत परिवर्तनशील हैं। चातुर्वर्ण्य को उसी कारण से विफल होना चाहिए जिसके लिए प्लेटो का गणराज्य विफल होना चाहिए, अर्थात् यह संभव नहीं है कि किसी व्यक्ति को इस आधार पर पिंजरे में बंद किया जाए कि वह एक वर्ग या दूसरे वर्ग से संबंधित है अन्य। लोगों को चार निश्चित वर्गों में वर्गीकृत करना असंभव है, यह इस तथ्य से सिद्ध होता है कि मूल चार वर्ग अब चार हजार जातियाँ बन गए हैं।

चातुर्वर्ण्य की व्यवस्था की स्थापना के मार्ग में एक तीसरी कठिनाई है। मान लीजिए कि चातुर्वर्ण्य की व्यवस्था स्थापित हो गई है, तो आप इसे कैसे बनाए रखेंगे? चातुर्वर्ण्य के सफल संचालन के लिए एक महत्वपूर्ण आवश्यकता दंड व्यवस्था का रखरखाव है जो इसे अपनी स्वीकृति से बनाए रख सकती है। चातुर्वर्ण्य की व्यवस्था को हमेशा अपराधी की समस्या का सामना करना पड़ता है। जब तक अपराध के कृत्य के लिए दंड नहीं जोड़ा जाता, तब तक लोग अपने–अपने वर्गों में नहीं रहेंगे। पूरी व्यवस्था मानव स्वभाव के विपरीत होने के कारण नष्ट हो जाएगी। चातुर्वर्ण्य अपनी अंतर्निहित अच्छाई से जीवित नहीं

रह सकता। इसे कानून द्वारा लागू किया जाना चाहिए। दंड स्वीकृति के बिना चातुर्वर्ण्य का आदर्श साकार नहीं हो सकता, यह रामायण में राम द्वारा शंबूक वध की कहानी से सिद्ध होता है। कुछ लोग राम को दोषी मानते हैं क्योंकि उन्होंने बिना किसी कारण के शम्बूक को मार डाला। लेकिन शम्बूक को मारने के लिए राम को दोषी ठहराना पूरी स्थिति को गलत समझना है। राम राज चातुर्वर्ण्य पर आधारित राज था। एक राजा के रूप में, राम चातुर्वर्ण्य को बनाए रखने के लिए बाध्य थे। इसलिए उनका कर्तव्य था कि वे शूद्र शम्बूक को मार डालें, जिसने अपने वर्ग का उल्लंघन किया था और ब्राह्मण बनना चाहता था। यही कारण है कि राम ने शम्बूक को मार डाला। लेकिन इससे यह भी पता चलता है कि चातुर्वर्ण्य को बनाए रखने के लिए दंडात्मक मंजूरी आवश्यक है। केवल दंडात्मक मंजूरी ही आवश्यक नहीं है, बल्कि मृत्युदंड भी आवश्यक है। इसीलिए राम ने शम्बूक को कम सजा नहीं दी। इसीलिए मनु–स्मृति में वेद पढ़ने या सुनने वाले शूद्र की जीभ काटने या कानों में पिघला हुआ सीसा डालने जैसे कठोर दंड का प्रावधान है। चातुर्वर्ण्य के समर्थकों को यह आश्वासन देना चाहिए कि वे सफलतापूर्वक मनुष्यों को वर्गीकृत कर सकते हैं और वे बीसवीं सदी में आधुनिक समाज को मनु–स्मृति के दंडात्मक प्रतिबंधों को फिर से लागू करने के लिए प्रेरित कर सकते थे।

चातुर्वर्ण्य के समर्थकों ने यह नहीं सोचा कि उनकी व्यवस्था में महिलाओं के साथ क्या होने वाला है। क्या उन्हें भी चार वर्गों में विभाजित किया जाना चाहिए, ब्राह्मण, क्षत्रिय, वैश्य और शूद्र? या उन्हें अपने पतियों का दर्जा लेने की अनुमति दी जानी चाहिए। यदि महिला की स्थिति विवाह का परिणाम है, तो चातुर्वर्ण्य के अंतर्निहित सिद्धांत का क्या होगा, अर्थात्, किसी व्यक्ति की स्थिति उस व्यक्ति के मूल्य पर आधारित होनी चाहिए? यदि उन्हें उनके मूल्य के अनुसार वर्गीकृत किया जाना है, तो क्या उनका वर्गीकरण नाममात्र का होगा या वास्तविक? यदि यह नाममात्र का है, तो यह बेकार है और फिर चातुर्वर्ण्य के समर्थकों को यह स्वीकार करना होगा कि उनकी व्यवस्था

महिलाओं पर लागू नहीं होती है। यदि यह वास्तविक है, तो क्या चातुर्वर्ण्य के समर्थक इसे महिलाओं पर लागू करने के तार्किक परिणामों का पालन करने के लिए तैयार हैं? उन्हें महिला पुजारी और महिला सैनिक रखने के लिए तैयार रहना चाहिए। हिंदू समाज महिला शिक्षकों और महिला बैरिस्टरों का आदी हो चुका है। यह महिला शराब बनाने वाली और महिला कसाईयों का आदी हो सकता है। लेकिन वह एक साहसी व्यक्ति होगा, जो यह कहेगा कि यह महिला पुजारियों और महिला सैनिकों को अनुमति देगा। लेकिन यह महिलाओं पर चातुर्वर्ण्य लागू करने का तार्किक परिणाम होगा। इन कठिनाइयों को देखते हुए, मुझे लगता है कि जन्मजात मूर्ख के अलावा कोई भी व्यक्ति चातुर्वर्ण्य के सफल पुनरुद्धार की आशा और विश्वास नहीं कर सकता है।

XVII

यह मानते हुए कि चातुर्वर्ण्य व्यावहारिक है, मैं तर्क देता हूँ कि यह सबसे शातिर प्रणाली है। ब्राह्मणों को ज्ञान अर्जित करना चाहिए, क्षत्रिय को हथियार रखना चाहिए, वैश्य को व्यापार करना चाहिए और शूद्र को सेवा करनी चाहिए, ऐसा लगता है जैसे यह श्रम विभाजन की प्रणाली थी। क्या सिद्धांत का उद्देश्य यह बताना था कि शूद्र को इसकी आवश्यकता नहीं है या यह कि उसे इसकी आवश्यकता नहीं है, यह एक दिलचस्प सवाल है। चातुर्वर्ण्य के समर्थक इसे पहला अर्थ देते हैं। वे कहते हैं, शूद्र को धन कमाने के लिए क्यों परेशान होना चाहिए, जब तीनों वर्ण उसकी सहायता के लिए मौजूद हैं? शूद्र को शिक्षा लेने की क्या आवश्यकता है, जब पढ़ने या लिखने के लिए ब्राह्मण मौजूद है, जिसके पास वह जा सकता है? शूद्र को हथियार रखने की क्या आवश्यकता है, क्योंकि उसकी रक्षा के लिए क्षत्रिय मौजूद हैं? इस अर्थ में समझा जाने वाला चातुर्वर्ण्य का सिद्धांत शूद्र को संरक्षक और तीनों वर्णों को उसका संरक्षक मानता है। इस तरह व्याख्या की गई, यह एक सरल, उत्थानकारी और आकर्षक सिद्धांत है। चातुर्वर्ण्य की अंतर्निहित अवधारणा के बारे में यह सही दृष्टिकोण मानते हुए, मुझे ऐसा लगता है कि यह व्यवस्था न तो मूर्खता–रहित है और न ही दुष्टता–रहित।

यदि ब्राह्मण, वैश्य और क्षत्रिय ज्ञान प्राप्त करने, आर्थिक उद्यम में संलग्न होने और कुशल सैनिक बनने में विफल रहते हैं, जो उनके संबंधित कार्य हैं, तो क्या होगा? इसके विपरीत, मान लीजिए कि वे अपने कार्यों का निर्वहन करते हैं, लेकिन शूद्र के प्रति या एक–दूसरे के प्रति अपने कर्तव्य की अवहेलना करते हैं, यदि तीनों वर्ग उसे उचित शर्तों पर समर्थन देने से इनकार करते हैं या उसे नीचे रखने के लिए एकजुट होते हैं, तो शूद्र के साथ क्या होगा? शूद्र के हितों की रक्षा कौन करेगा या वैश्य और क्षत्रिय के हितों की रक्षा कौन करेगा, जब उसकी अज्ञानता का लाभ उठाने वाला व्यक्ति ब्राह्मण है? शूद्र की स्वतंत्रता की रक्षा कौन करेगा और उस मामले में, ब्राह्मण और वैश्य की स्वतंत्रता की रक्षा कौन करेगा, जब उससे उसकी स्वतंत्रता छीनने वाला व्यक्ति क्षत्रिय है? एक वर्ग का दूसरे वर्ग पर निर्भरता अपरिहार्य है। यहां तक कि एक वर्ग का दूसरे वर्ग पर निर्भरता कभी–कभी स्वीकार्य हो सकती है। लेकिन एक व्यक्ति को अपनी महत्वपूर्ण आवश्यकताओं के लिए दूसरे पर निर्भर क्यों रखा जाए ? उसकी सबसे महत्वपूर्ण आवश्यकता क्या है? शिक्षा तो हर किसी को मिलनी ही चाहिए। सुरक्षा के साधन हर किसी के पास होने चाहिए। ये हर व्यक्ति की आत्मरक्षा के लिए सबसे बड़ी आवश्यकता है। यह तथ्य कि उसका पड़ोसी शिक्षित और सशस्त्र है, उस व्यक्ति की कैसे मदद कर सकता है जो अशिक्षित और निहत्था है। यह पूरा सिद्धांत बेतुका है। ये वे प्रश्न हैं, जिनके बारे में चातुर्वर्ण्य के रक्षक परेशान नहीं दिखते। लेकिन ये बहुत ही प्रासंगिक प्रश्न हैं। यह मानते हुए कि चातुर्वर्ण्य के बारे में उनकी यह धारणा कि विभिन्न वर्गों के बीच का संबंध संरक्षक और संरक्षक का है, चातुर्वर्ण्य के पीछे की वास्तविक धारणा है, यह स्वीकार करना होगा कि यह संरक्षक के कुकर्मों से संरक्षक के हितों की रक्षा करने का कोई प्रावधान नहीं करता। चाहे संरक्षक और संरक्षक का संबंध ही वह वास्तविक अंतर्निहित धारणा थी, जिस पर चातुर्वर्ण्य आधारित था, इसमें कोई संदेह नहीं है कि व्यवहार में यह संबंध स्वामी और सेवक का था। ब्राह्मण, क्षत्रिय और वैश्य तीनों वर्ग, यद्यपि अपने आपसी संबंधों में बहुत

खुश नहीं थे, लेकिन समझौता करके काम चलाने में कामयाब रहे। ब्राह्मण ने क्षत्रिय की चापलूसी की और दोनों ने वैश्य को जीवित रहने दिया ताकि वे उस पर निर्भर रह सकें। लेकिन तीनों ने शूद्र को पीटने पर सहमति जताई। उसे धन अर्जित करने की अनुमति नहीं थी, ताकि वह तीनों वर्णों से स्वतंत्र न हो जाए। उसे ज्ञान प्राप्त करने से मना किया गया था, ताकि वह अपने हितों के बारे में लगातार निगरानी न रख सके। उसे हथियार रखने से मना किया गया था, ताकि वह उनके अधिकार के विरुद्ध विद्रोह न कर सके। त्र्यवर्णिकों द्वारा शूद्रों के साथ ऐसा व्यवहार किया गया था, इसका प्रमाण मनु के नियमों से मिलता है। सामाजिक अधिकारों के संबंध में मनु के नियमों से अधिक बदनाम कोई कानून नहीं है। सामाजिक अन्याय का कोई भी उदाहरण इसके सामने फीका पड़ जाएगा। लोगों के बड़े समूह ने उन सामाजिक बुराइयों को क्यों बर्दाश्त किया है, जिनका वे शिकार हुए हैं? दुनिया के दूसरे देशों में सामाजिक क्रांतियाँ हुई हैं। भारत में सामाजिक क्रांतियाँ क्यों नहीं हुई हैं, यह एक ऐसा सवाल है जो मुझे लगातार परेशान करता रहा है। भारत में सामाजिक क्रांतियाँ नहीं हुई हैं, यह एक ऐसा प्रश्न है जो मुझे निरंतर विचलित करता रहा है। इसका केवल एक ही उत्तर है, जो मैं दे सकता हूँ और वह यह है कि चातुर्वर्ण्य की इस दयनीय व्यवस्था के कारण हिंदुओं के निम्न वर्ग प्रत्यक्ष कार्रवाई के लिए पूरी तरह से अक्षम हो गए हैं। वे हथियार नहीं उठा सकते थे और बिना हथियार के वे विद्रोह नहीं कर सकते थे। वे सभी हलवाहे थे या यूँ कहें कि हलवाहे होने के लिए अभिशप्त थे और उन्हें कभी भी अपने हल को तलवार में बदलने की अनुमति नहीं थी। उनके पास संगीनें नहीं थीं और इसलिए कोई भी व्यक्ति जो चाहे उस पर बैठ सकता था और बैठता भी था। चातुर्वर्ण्य के कारण, वे कोई शिक्षा प्राप्त नहीं कर सकते थे। वे अपने उद्धार का मार्ग नहीं सोच सकते थे या जान नहीं सकते थे। वे दीन–हीन होने के लिए अभिशप्त थे और बचने का मार्ग न जानते हुए और बचने के साधन न होने के कारण, वे शाश्वत दासता में बंध गए, जिसे उन्होंने अपना अपरिहार्य भाग्य मान लिया। यह सच

है कि यूरोप में भी ताकतवरों ने शोषण से, बल्कि कमजोरों के शोषण से कभी परहेज नहीं किया। लेकिन यूरोप में ताकतवरों ने कभी भी कमजोरों को शोषण के विरूद्ध इतनी बेशर्मी से असहाय बनाने की कोशिश नहीं की, जितनी बेशर्मी से भारत में हिंदुओं के बीच की गई। भारत की तुलना में यूरोप में ताकतवरों और कमजोरों के बीच कहीं अधिक हिंसक रूप से सामाजिक युद्ध छिड़ा हुआ है। फिर भी, यूरोप में कमजोरों के पास सैन्य सेवा की स्वतंत्रता में उनका शारीरिक हथियार, पीड़ा में उनका राजनीतिक हथियार और शिक्षा में उनका नैतिक हथियार रहा है। मुक्ति के लिए ये तीन हथियार यूरोप में ताकतवरों ने कमजोरों से कभी नहीं छीने। हालांकि, भारत में चातुर्वर्ण्य ने इन सभी हथियारों को जनता से वंचित कर दिया। चातुर्वर्ण्य से अधिक अपमानजनक सामाजिक संगठन की कोई व्यवस्था नहीं हो सकती। यह वह व्यवस्था है जो लोगों को मददगार गतिविधियों से मृत, पंगु और अपंग बना देती है। यह कोई अतिशयोक्ति नहीं है। इतिहास इसके पर्याप्त प्रमाण देता है। भारतीय इतिहास में केवल एक ही काल है जो स्वतंत्रता, महानता और गौरव का काल है। वह मौर्य साम्राज्य का काल है। अन्य सभी समयों में देश पराजय और अंधकार से पीड़ित था। लेकिन मौर्य काल वह काल था जब चातुर्वर्ण्य का पूरी तरह से नाश हो गया था, जब शूद्र, जो जनता का एक बड़ा हिस्सा थे, अपने अधिकार में आ गए और देश के शासक बन गए। पराजय और अंधकार का काल वह काल है जब चातुर्वर्ण्य देश के अधिकांश लोगों के विनाश के लिए फला–फूला।

XVIII

चातुर्वर्ण्य कोई नई बात नहीं है। यह वेदों जितना ही पुराना है। यही कारण है कि आर्य समाजी हमें इसके दावों पर विचार करने के लिए कहते हैं। सामाजिक संगठन की एक प्रणाली के रूप में अतीत से देखते हुए, इसे आजमाया गया है और यह विफल रहा है। कितनी बार ब्राह्मणों ने क्षत्रियों के बीज को नष्ट कर दिया है! कितनी बार क्षत्रियों ने ब्राह्मणों का सफाया कर दिया है! महाभारत और पुराण ब्राह्मणों और क्षत्रियों के बीच संघर्ष की घटनाओं से भरे पड़े हैं। वे ऐसे छोटे–छोटे

सवालों पर भी झगड़ते थे कि पहले किसे सलाम करना चाहिए, पहले किसे रास्ता देना चाहिए, ब्राह्मणों या क्षत्रियों में से, जब दोनों सड़क पर मिलते थे। ब्राह्मण न केवल क्षत्रिय के लिए और क्षत्रिय ब्राह्मण के लिए आँखों में खटकते थे, बल्कि ऐसा लगता है कि क्षत्रिय अत्याचारी हो गए थे और चातुर्वर्ण्य व्यवस्था के तहत निहत्थे लोग, उनके अत्याचार से मुक्ति के लिए सर्वशक्तिमान ईश्वर से प्रार्थना कर रहे थे। भागवत हमें बहुत स्पष्ट रूप से बताता है कि कृष्ण ने एक पवित्र उद्देश्य के लिए अवतार लिया था और वह था क्षत्रियों का विनाश करना। हमारे सामने विभिन्न वर्णों के बीच प्रतिद्वंद्विता और दुश्मनी के इन उदाहरणों के साथ, मैं यह नहीं समझ पाता कि कोई भी व्यक्ति चातुर्वर्ण्य को एक आदर्श के रूप में कैसे लक्ष्य बना सकता है या एक पैटर्न के रूप में, जिस पर हिंदू समाज को फिर से तैयार किया जाना चाहिए।

XIX

मैंने उन लोगों से बात की है, जो आपसे अलग हैं और जो आपके आदर्श के प्रति पूरी तरह से शत्रुता रखते हैं। ऐसे अन्य लोग भी हैं, जो न तो आपसे अलग हैं और न ही आपके साथ। मैं इस बात से झिझक रहा था कि मुझे उनके दृष्टिकोण से बात करनी चाहिए या नहीं। लेकिन आगे विचार करने पर मैं इस निष्कर्ष पर पहुँचा हूँ कि मुझे ऐसा करना ही चाहिए और वह भी दो कारणों से। पहला, जाति की समस्या के प्रति उनका रवैया केवल तटस्थता का रवैया नहीं है, बल्कि सशस्त्र तटस्थता का रवैया है। दूसरा, वे संभवतः लोगों के एक बड़े समूह का प्रतिनिधित्व करते हैं। इनमें से एक समूह ऐसा भी है, जिसे हिंदुओं की जाति व्यवस्था में कुछ भी अजीब या घृणित नहीं लगता। ऐसे हिंदू मुसलमानों, सिखों और ईसाइयों का उदाहरण देते हैं और इस तथ्य से तसल्ली पाते हैं कि उनके बीच भी जातियाँ हैं। इस प्रश्न पर विचार करते समय आपको सबसे पहले यह ध्यान में रखना चाहिए कि मानव समाज कहीं भी एक नहीं है। यह हमेशा बहुलता वाला होता है। क्रिया की दुनिया में व्यक्ति एक सीमा है और समाज दूसरी। उनके बीच सभी प्रकार की सहयोगी व्यवस्थाएं हैं। छोटे और बड़े दायरे के, परिवार,

दोस्ती, सहकारी संगठन, व्यापारिक गठबंधन, राजनीतिक दल, चोरों और लुटेरों के गिरोह। ये छोटे समूह आमतौर पर मजबूती से एक साथ जुड़े होते हैं और अक्सर जातियों की तरह अनन्य होते हैं। उनके पास एक संकीर्ण और गहन कोड होता है, जो अक्सर असामाजिक होता है। यह यूरोप के साथ–साथ एशिया के हर समाज के लिए सच है। यह निर्धारित करने में पूछा जाने वाला प्रश्न कि क्या दिया गया समाज एक आदर्श समाज हैय यह नहीं है कि क्या इसमें समूह हैं, क्योंकि समूह सभी समाजों में होते हैं। यह निर्धारित करने में पूछे जाने वाले प्रश्न कि आदर्श समाज क्या हैः समूहों द्वारा सचेत रूप से साझा किए जाने वाले हित कितने असंख्य और विविध हैं? अन्य प्रकार के संगठनों के साथ परस्पर क्रिया कितनी पूर्ण और स्वतंत्र है? क्या समूहों और वर्गों को अलग करने वाली ताकतें एकजुट करने वाली ताकतों से अधिक संख्या में हैं? इस समूह जीवन का क्या सामाजिक महत्व है?क्या इसकी विशिष्टता रीति–रिवाज और सुविधा का मामला है या यह धर्म का मामला है? इन सवालों के आलोक में ही यह तय करना होगा कि गैर–हिंदुओं में जाति हिंदुओं में जाति के समान है या नहीं। अगर हम इन विचारों को एक तरफ मुसलमानों, सिखों और ईसाइयों में जातियों पर और दूसरी तरफ हिंदुओं में जातियों पर लागू करें, तो आप पाएंगे कि गैर–हिंदुओं में जाति हिंदुओं में जाति से मौलिक रूप से भिन्न है। सबसे पहले, वे बंधन, जो जानबूझकर हिंदुओं को एक साथ रखते हैं, अस्तित्वहीन हैं, जबकि गैर–हिंदुओं में ऐसे कई बंधन हैं जो उन्हें एक साथ रखते हैं। किसी समाज की मजबूती संपर्क बिंदुओं की उपस्थिति, उसमें मौजूद विभिन्न समूहों के बीच बातचीत की संभावनाओं पर निर्भर करती है। इन्हें कार्लाइल "जैविक तंतु" कहते हैं यानी लचीले धागे जो विघटित तत्वों को एक साथ लाने और उन्हें फिर से जोड़ने में मदद करते हैं। जाति के कारण होने वाले विघटन का प्रतिकार करने के लिए हिंदुओं में कोई एकीकृत शक्ति नहीं है। जबकि गैर–हिंदुओं में ये कार्बनिक तंतु प्रचुर मात्रा में हैं जो उन्हें एक साथ बाँधते हैं। फिर से यह ध्यान में रखना चाहिए कि यद्यपि गैर–हिंदुओं में भी हिंदुओं की

तरह जातियाँ हैं, फिर भी गैर–हिंदुओं के लिए जाति का वही सामाजिक महत्व नहीं है जो हिंदुओं के लिए है। किसी मुसलमान या सिख से पूछो कि वह कौन है? वह आपको बताता है कि वह मुसलमान या सिख है, जैसा भी मामला हो। वह आपको अपनी जाति नहीं बताता, हालांकि उसकी एक जाति है और आप उसके जवाब से संतुष्ट हैं। जब वह आपको बताता है कि वह मुसलमान है, तो आप उससे यह नहीं पूछते कि वह शिया है या सुन्नीय शेख या सैयदय खटीक या पिंजरी। जब वह आपको बताता है कि वह सिख है, तो आप उससे यह नहीं पूछते कि वह जाट है या रोड़ाय मजबी या रामदासी। लेकिन यदि कोई व्यक्ति आपको बताता है कि वह हिंदू है, तो आप संतुष्ट नहीं होते। आप उसकी जाति पूछने के लिए बाध्य महसूस करते हैं। क्यों? क्योंकि हिंदू के मामले में जाति इतनी आवश्यक है कि इसे जाने बिना आप यह महसूस नहीं करते कि वह किस प्रकार का प्राणी है। वह है। यदि आप जाति के उल्लंघन के परिणामों पर विचार करते हैं तो यह स्पष्ट है कि गैर–हिंदुओं के बीच जाति का उतना सामाजिक महत्व नहीं है जितना हिंदुओं के बीच है। सिखों और मुसलमानों के बीच जातियाँ हो सकती हैं, लेकिन सिख और मुसलमान किसी सिख या मुसलमान को बहिष्कृ त नहीं करेंगे यदि वह अपनी जाति तोड़ता है। वास्तव में, बहिष्कार का विचार ही सिखों और मुसलमानों के लिए विदेशी है। लेकिन हिंदुओं के मामले में मामला बिल्कुल अलग है। यदि वह जाति तोड़ता है तो उसे बहिष्कृत कर दिया जाना निश्चित है। यह हिंदुओं और गैर–हिंदुओं के लिए जाति के सामाजिक महत्व में अंतर को दर्शाता है। यह अंतर का दूसरा बिंदु है। लेकिन एक तीसरा और अधिक महत्वपूर्ण बिंदु भी है। गैर–हिंदुओं के बीच जाति का कोई धार्मिक संस्कार नहीं हैय लेकिन हिंदुओं के बीच यह निश्चित रूप से है। गैर–हिंदुओं के बीच, जाति केवल एक प्रथा है, कोई पवित्र संस्था नहीं। उन्होंने इसे शुरू नहीं किया। उनके बीच यह केवल अस्तित्व का साधन है। वे जाति को धार्मिक सिद्धांत नहीं मानते। धर्म हिंदुओं को जातियों के अलगाव और पृथक्करण को एक सद्गुण के रूप में मानने के लिए बाध्य करता है।

धर्म गैर–हिंदुओं को जाति के प्रति ऐसा ही दृष्टिकोण अपनाने के लिए बाध्य नहीं करता। यदि हिंदू जाति को तोड़ना चाहते हैं, तो उनका धर्म उनके रास्ते में आ जाएगा। लेकिन गैर–हिंदुओं के मामले में ऐसा नहीं होगा। इसलिए, गैर–हिंदुओं के बीच जाति के अस्तित्व में ही आराम करना एक खतरनाक भ्रम है, बिना यह जानने की परवाह किए कि उनके जीवन में जाति का क्या स्थान है और क्या अन्य "जैविक तंतु" हैं, जो जाति की भावना को समुदाय की भावना के अधीन करते हैं। जितनी जल्दी हिंदू इस भ्रम से मुक्त हो जाएँ उतना ही अच्छा है।

दूसरा समूह इस बात से इनकार करता है कि जाति हिंदुओं के लिए विचार करने के लिए कोई समस्या प्रस्तुत करती है। ऐसे हिंदू इस दृष्टिकोण से आराम चाहते हैं कि हिंदू बच गए हैं और इसे जीवित रहने की उनकी योग्यता के प्रमाण के रूप में लेते हैं। इस दृष्टिकोण को प्रोफेसर एस राधाकृष्णन ने अपने हिंदू व्यू ऑफ लाइफ में अच्छी तरह से व्यक्त किया है। हिंदू धर्म का जिक्र करते हुए वे कहते हैं, "सभ्यता अपने आप में अल्पकालिक नहीं रही है। इसके ऐतिहासिक अभिलेख चार हजार साल से भी पुराने हैं और तब भी यह सभ्यता के ऐसे चरण में पहुँच गई थी जो आज तक अपनी अखंड, हालांकि कभी–कभी धीमी और स्थिर, यात्रा जारी रखे हुए है। इसने आध्यात्मिक विचार और अनुभव के चार या पांच सहस्राब्दियों से अधिक के तनाव और दबाव को झेला है। हालांकि इतिहास की शुरुआत से ही विभिन्न जातियों और संस्कृतियों के लोग भारत में आते रहे हैं, हिंदू धर्म अपनी सर्वोच्चता बनाए रखने में सक्षम रहा है और यहां तक कि राजनीतिक शक्ति द्वारा समर्थित धर्मांतरण करने वाले पंथ भी हिंदुओं के बड़े बहुमत को अपने विचारों के लिए मजबूर नहीं कर पाए हैं। हिंदू संस्कृति में कुछ जीवंतता है जो कुछ अन्य अधिक शक्तिशाली धाराओं से वंचित लगती है। हिंदू धर्म का विच्छेदन करना उतना ही आवश्यक है जितना कि यह देखने के लिए पेड़ को खोलना कि क्या उसमें अभी भी रस बह रहा है।" प्रो. राधाकृष्णन का नाम इतना बड़ा है कि वे जो कुछ भी कहते हैं, वह पाठकों के मन पर गहरा प्रभाव डालता है। लेकिन मुझे अपनी बात

कहने में संकोच नहीं करना चाहिए। क्योंकि, मुझे डर है कि, उनका कथन एक दुष्ट तर्क का आधार बन सकता है कि जीवित रहने का तथ्य जीवित रहने की योग्यता का प्रमाण है। मुझे ऐसा लगता है कि सवाल यह नहीं है कि कोई समुदाय जीता है या मरता हैय सवाल यह है कि वह किस स्तर पर जीता है। जीवित रहने के विभिन्न तरीके हैं। लेकिन सभी समान रूप से सम्मानजनक नहीं हैं। एक व्यक्ति के लिए और एक समाज के लिए, केवल जीने और योग्य रूप से जीने के बीच एक खाई है। युद्ध में लड़ना और गौरव से जीना एक तरीका है। पीछे हटना, आत्मसमर्पण करना और बंदी का जीवन जीना भी जीवित रहने का एक तरीका है। एक हिंदू के लिए यह आराम करना बेकार है कि वह और उसके लोग बच गए हैं। उसे इस बात पर विचार करना चाहिए कि उनके जीवित रहने की गुणवत्ता क्या है। अगर वह ऐसा करता है, तो मुझे यकीन है कि वह केवल जीवित रहने के तथ्य पर गर्व करना बंद कर देगा। हिंदू का जीवन निरंतर पराजय का जीवन रहा है और जो उसे शाश्वत जीवन प्रतीत होता है, वह शाश्वत जीवन नहीं है, बल्कि वास्तव में वह शाश्वत नाशवान जीवन है। यह जीवित रहने का एक तरीका है, जिसके लिए हर सही सोच वाला हिंदू, जो सच्चाई को स्वीकार करने से नहीं डरता, शर्मिंदा महसूस करेगा।

XX

मेरे विचार में, इसमें कोई संदेह नहीं है कि जब तक आप अपनी सामाजिक व्यवस्था नहीं बदलेंगे, तब तक आप प्रगति के मामले में बहुत कम हासिल कर सकते हैं। आप समुदाय को न तो रक्षा के लिए और न ही आक्रमण के लिए संगठित कर सकते हैं। आप जाति की नींव पर कुछ भी नहीं बना सकते। आप एक राष्ट्र का निर्माण नहीं कर सकते, आप एक नैतिकता का निर्माण नहीं कर सकते। जाति की नींव पर आप जो कुछ भी बनाएंगे, वह टूट जाएगा और कभी भी पूरा नहीं हो पाएगा।

केवल एक ही सवाल है जिस पर विचार करना बाकी है– *हिंदू सामाजिक व्यवस्था में सुधार कैसे लाया जाए? जाति को कैसे खत्म किया जाए?* यह सबसे महत्वपूर्ण सवाल है। एक विचार है कि जाति

के सुधार में, पहला कदम जो उठाया जाना चाहिए, वह है उपजातियों को खत्म करना। यह दृष्टिकोण इस धारणा पर आधारित है कि जातियों के बीच की तुलना में उपजातियों के बीच आचरण और स्थिति में अधिक समानता है। मुझे लगता है कि यह एक गलत धारणा है। उत्तरी और मध्य भारत के ब्राह्मण, दक्कन और दक्षिणी भारत के ब्राह्मणों की तुलना में सामाजिक रूप से निम्न श्रेणी के हैं। पूर्व केवल रसोइया और पानी ढोने वाले हैं, जबकि बाद वाले उच्च सामाजिक स्थिति रखते हैं। दूसरी ओर, उत्तरी भारत में, वैश्य और कायस्थ बौद्धिक और सामाजिक रूप से दक्कन और दक्षिणी भारत के ब्राह्मणों के बराबर हैं। फिर, भोजन के मामले में दक्कन और दक्षिणी भारत के ब्राह्मणों, जो शाकाहारी हैं और कश्मीर और बंगाल के ब्राह्मण, जो मांसाहारी हैं, के बीच कोई समानता नहीं है। दूसरी ओर, जहाँ तक भोजन का सवाल है, दक्कन और दक्षिणी भारत के ब्राह्मण गुजराती, मारवाड़ी, बनिया और जैन जैसे गैर–ब्राह्मणों के साथ अधिक समानता रखते हैं। इसमें कोई संदेह नहीं है कि एक जाति से दूसरी जाति में संक्रमण को आसान बनाने के दृष्टिकोण से, उत्तरी भारत के कायस्थों और दक्षिणी भारत के अन्य गैर–ब्राह्मणों का दक्कन और द्रविड़ देश के गैर–ब्राह्मणों के साथ विलय, दक्षिण के ब्राह्मणों का उत्तर के ब्राह्मणों के साथ विलय से अधिक व्यावहारिक है। लेकिन यह मानते हुए कि उप–जातियों का विलय संभव है, इस बात की क्या गारंटी है कि उप–जातियों के उन्मूलन से जातियों का उन्मूलन अनिवार्य रूप से हो जाएगा? इसके विपरीत, ऐसा हो सकता है कि उप–जातियों के उन्मूलन के साथ यह प्रक्रिया रुक जाए। उस स्थिति में, उप–जातियों का उन्मूलन केवल जातियों को मजबूत करने और उन्हें अधिक शक्तिशाली और इसलिए अधिक शरारती बनाने में मदद करेगा। इसलिए यह उपाय न तो व्यावहारिक है और न ही प्रभावी है और आसानी से गलत उपाय साबित हो सकता है। जाति के उन्मूलन के लिए एक और कार्य योजना अंतरजातीय भोज से शुरू करना है। यह भी, मेरी राय में, एक अपर्याप्त उपाय है। कई जातियाँ हैं जो अंतरजातीय भोज की अनुमति

देती हैं। लेकिन यह एक सामान्य अनुभव है कि अंतरजातीय भोज जाति की भावना और जाति की चेतना को मारने में सफल नहीं हुआ है। मुझे विश्वास है कि असली उपाय अंतरजातीय विवाह है। रक्त के मिलन से ही सगे–संबंधी होने का भाव पैदा हो सकता है और जब तक यह सगे–संबंधी होने का भाव सर्वोपरि नहीं हो जाता, तब तक जाति द्वारा पैदा की गई अलगाववादी भावना – पराया होने का भाव – खत्म नहीं होगा। हिंदुओं के बीच अंतरजातीय विवाह सामाजिक जीवन में गैर–हिंदुओं की तुलना में अधिक महत्वपूर्ण कारक होना चाहिए। जहाँ समाज पहले से ही अन्य संबंधों से अच्छी तरह जुड़ा हुआ है, वहां विवाह जीवन की एक सामान्य घटना है। लेकिन जहाँ समाज में विभाजन है, वहां विवाह एक जोड़ने वाली शक्ति के रूप में तत्काल आवश्यकता बन जाती है। *जाति–पाति को तोड़ने का असली उपाय अंतर–विवाह है। इसके अलावा कोई भी उपाय जाति–पाति को खत्म करने का उपाय नहीं है।* आपके जात–पात–तोड़क मंडल ने इसी तरह का हमला किया है।

यह एक सीधा और सामने से हमला है, और मैं आपको सही निदान के लिए बधाई देता हूँ और इससे भी अधिक इस बात के लिए कि आपने हिंदुओं को यह बताने का साहस दिखाया कि उनके साथ वास्तव में क्या गलत है। राजनीतिक अत्याचार सामाजिक अत्याचार की तुलना में कुछ भी नहीं है और एक सुधारक, जो समाज को चुनौती देता है, वह एक राजनीतिज्ञ से कहीं अधिक साहसी व्यक्ति है, जो सरकार को चुनौती देता है। आप यह मानने में सही हैं कि जाति केवल तभी एक सक्रिय शक्ति के रूप में समाप्त हो जाएगी जब परस्पर भोजन और अंतर्विवाह आम बात हो जाएगी। आपने बीमारी के स्रोत का पता लगा लिया है। लेकिन क्या आपका नुस्खा बीमारी के लिए सही नुस्खा है? अपने आप से यह सवाल पूछेंय ऐसा क्यों है कि अधिकांश हिंदू परस्पर भोजन और अंतर्विवाह नहीं करते हैं? ऐसा क्यों है कि आपका उद्देश्य लोकप्रिय नहीं है? इस प्रश्न का केवल एक ही उत्तर हो सकता है और वह यह है कि अंतर्जातीय विवाह और अंतर्जातीय विवाह उन

विश्वासों और सिद्धांतों के प्रतिकूल हैं जिन्हें हिंदू पवित्र मानते हैं। जाति ईंटों की दीवार या कंटीले तारों की रेखा जैसी कोई भौतिक वस्तु नहीं है जो हिंदुओं को आपस में घुलने–मिलने से रोकती है और इसलिए उसे गिरा दिया जाना चाहिए। जाति एक धारणा है, यह मन की एक अवस्था है। इसलिए जाति के विनाश का अर्थ भौतिक बाधा का विनाश नहीं है। इसका अर्थ है एक धारणागत परिवर्तन। जाति बुरी हो सकती है। जाति इतने घृणित आचरण को जन्म दे सकती है जिसे मनुष्य का मनुष्य के प्रति अमानवीयता कहा जा सकता है। फिर भी, यह स्वीकार किया जाना चाहिए कि हिंदू जाति का पालन इसलिए नहीं करते क्योंकि वे अमानवीय या गलत सोच वाले हैं। वे जाति का पालन इसलिए करते हैं क्योंकि वे अत्यधिक धार्मिक हैं। लोगों का जाति का पालन करना गलत नहीं है। मेरे विचार से, गलत उनका धर्म है, जिसने जाति की इस धारणा को जन्म दिया है। यदि यह सही है, तो स्पष्ट है कि आपका शत्रु जाति–पाति का पालन करने वाले लोग नहीं हैं, बल्कि वे शास्त्र हैं जो उन्हें जाति–पाति का धर्म सिखाते हैं। लोगों की आलोचना करना और उनका उपहास करना कि वे आपस में भोजन या विवाह नहीं करते या कभी–कभी अंतरजातीय भोज आयोजित नहीं करते और अंतरजातीय विवाह नहीं मनाते, वांछित लक्ष्य को प्राप्त करने का एक निरर्थक तरीका है। वास्तविक उपाय शास्त्रों की पवित्रता में विश्वास को नष्ट करना है। यदि आप शास्त्रों को लोगों के विश्वासों और विचारों को आकार देने देते हैं, तो आप कैसे सफल होने की उम्मीद कर सकते हैं? शास्त्रों के अधिकार पर सवाल न उठाना, लोगों को उनकी पवित्रता और उनके अनुमोदनों में विश्वास करने देना और उन्हें दोष देना और उनके कार्यों के लिए तर्कहीन और अमानवीय बताकर उनकी आलोचना करना सामाजिक सुधार करने का एक असंगत तरीका है। महात्मा गांधी सहित अस्पृश्यता निवारण के लिए काम करने वाले सुधारकों को यह एहसास नहीं है कि लोगों के कार्य केवल शास्त्रों द्वारा उनके मन में डाले गए विश्वासों का परिणाम हैं और लोग तब तक अपना आचरण नहीं बदलेंगे जब तक वे उन शास्त्रों की

पवित्रता पर विश्वास करना बंद नहीं कर देते, जिन पर उनका आचरण आधारित है। इसमें कोई आश्चर्य नहीं कि ऐसे प्रयासों से कोई परिणाम नहीं निकला है। आप भी अस्पृश्यता निवारण के लिए काम करने वाले सुधारकों की तरह ही गलती करते दिख रहे हैं। अंतरजातीय भोज और अंतरजातीय विवाह के लिए आंदोलन करना और उनका आयोजन करना कृत्रिम तरीकों से जबरन भोजन कराने जैसा है। प्रत्येक पुरुष और महिला को शास्त्रों के बंधन से मुक्त करें, उनके मन को शास्त्रों पर आधारित हानिकारक धारणाओं से मुक्त करें, और वे आपके कहे बिना ही अंतरजातीय भोजन और अंतरजातीय विवाह करेंगे।

झगड़ों में शरण लेने से कोई फायदा नहीं है। लोगों को यह बताने का कोई फायदा नहीं है कि शास्त्रों में वह नहीं लिखा है जो माना जाता है, व्याकरणिक रूप से पढ़ा जाता है या तार्किक रूप से व्याख्या की जाती है। महत्वपूर्ण बात यह है कि लोगों ने शास्त्रों को किस तरह समझा है। आपको बुद्ध द्वारा लिया गया रुख अपनाना चाहिए। आपको गुरु नानक द्वारा लिया गया रुख अपनाना चाहिए। आपको न केवल शास्त्रों को त्यागना चाहिए, बल्कि उनके अधिकार को भी नकारना चाहिए, जैसा कि बुद्ध और नानक ने किया था। आपको हिंदुओं को यह बताने का साहस होना चाहिए कि उनके साथ जो गलत है वह उनका धर्म है – वह धर्म जिसने उनमें जाति की पवित्रता की यह धारणा पैदा की है। क्या आप वह साहस दिखाएंगे?

XXI

आपकी सफलता की संभावनाएँ क्या हैं? सामाजिक सुधार विभिन्न प्रकार के होते हैं। सुधार की एक प्रजाति ऐसी होती है, जो लोगों की धार्मिक धारणा से संबंधित नहीं होती, बल्कि विशुद्ध रूप से धर्मनिरपेक्ष होती है। सुधार की एक प्रजाति ऐसी भी होती है, जो लोगों की धार्मिक धारणाओं से संबंधित होती है। सुधार की ऐसी प्रजातियों के दो प्रकार होते हैं। एक में, सुधार धर्म के सिद्धांतों के अनुरूप होता है और केवल उन लोगों को आमंत्रित करता है, जो इससे विमुख हो गए हैं, कि वे उन पर वापस लौटें और उनका अनुसरण करें। दूसरा वह सुधार है जो

न केवल धार्मिक सिद्धांतों को छूता है, बल्कि उन सिद्धांतों के बिल्कुल विपरीत होता है और लोगों को उनके अधिकार से विमुख होने और उन्हें त्यागने और उन सिद्धांतों के विपरीत कार्य करने के लिए आमंत्रित करता है। जाति कुछ धार्मिक मान्यताओं का स्वाभाविक परिणाम है, जिन्हें शास्त्रों का समर्थन प्राप्त है, जिनके बारे में माना जाता है कि उनमें ईश्वरीय प्रेरणा से प्रेरित ऋषियों की आज्ञाएँ हैं, जो अलौकिक ज्ञान से संपन्न थे और इसलिए, उनके आदेशों की अवहेलना पाप किए बिना नहीं की जा सकती। जाति का विनाश एक सुधार है जो तीसरी श्रेणी में आता है। लोगों से जाति छोड़ने के लिए कहना उन्हें उनकी मौलिक धार्मिक धारणाओं के विपरीत जाने के लिए कहना है। यह स्पष्ट है कि सुधार की पहली और दूसरी किस्म आसान है। लेकिन तीसरी किस्म एक बहुत बड़ा काम है, लगभग असंभव। हिंदू सामाजिक व्यवस्था की पवित्रता को मानते हैं। जाति का एक दैवीय आधार है। इसलिए आपको उस पवित्रता और दिव्यता को नष्ट करना होगा जो जाति में निहित है। अंतिम विश्लेषण में, इसका मतलब है कि आपको शास्त्रों और वेदों के अधिकार को नष्ट करना होगा।

मैंने जाति को नष्ट करने के तरीकों और साधनों के इस प्रश्न पर जोर दिया है, क्योंकि मुझे लगता है कि आदर्श को जानने से उचित तरीकों और साधनों को जानना अधिक महत्वपूर्ण है। यदि आप वास्तविक तरीकों और साधनों को नहीं जानते हैं, तो आपके सभी प्रयास विफल हो जाएँगे। यदि मेरा विश्लेषण सही है, तो आपका कार्य बहुत कठिन है। आप ही बता सकते हैं कि आप इसे प्राप्त करने में सक्षम हैं या नहीं।

मैं अपने लिए कहूँ तो मुझे यह कार्य लगभग असंभव लगता है। शायद आप जानना चाहेंगे कि मैं ऐसा क्यों सोचता हूँ। जिन अनेक कारणों से मैं इस दृष्टिकोण को अपनाता हूँ, उनमें से मैं कुछ का उल्लेख करूँगा, जिन्हें मैं बहुत महत्वपूर्ण मानता हूँ। इनमें से एक कारण शत्रुता का रवैया है, जो ब्राह्मणों ने इस प्रश्न के प्रति दिखाया है। ब्राह्मण राजनीतिक सुधार और कुछ मामलों में आर्थिक सुधार के

लिए आंदोलन के अगुआ हैं। लेकिन वे जाति की बाधाओं को तोड़ने के लिए खड़ी की गई सेना में शिविर–अनुयायी के रूप में भी नहीं पाए जाते हैं। क्या भविष्य में ब्राह्मणों द्वारा इस मामले में कभी नेतृत्व करने की कोई उम्मीद है? मैं कहता हूँ नहीं। आप पूछ सकते हैं कि क्यों? आप तर्क दे सकते हैं कि ब्राह्मणों को सामाजिक सुधार से दूर रहने की कोई वजह नहीं है। आप तर्क दे सकते हैं कि ब्राह्मण जानते हैं कि हिंदू समाज का अभिशाप जाति है और एक प्रबुद्ध वर्ग के रूप में उनसे इसके परिणामों के प्रति उदासीन होने की उम्मीद नहीं की जा सकती। आप तर्क दे सकते हैं कि धर्मनिरपेक्ष ब्राह्मण और पुरोहित ब्राह्मण हैं और यदि बाद वाले जाति को तोड़ने वालों की ओर से लड़ाई नहीं लड़ते हैं, तो पहले वाले करेंगे। यह सब निश्चित रूप से बहुत प्रशंसनीय लगता है। लेकिन इस सब में यह भूल गया है कि जाति व्यवस्था के टूटने से ब्राह्मण जाति पर प्रतिकूल प्रभाव पड़ेगा। इसे ध्यान में रखते हुए, क्या यह उम्मीद करना उचित है कि ब्राह्मण कभी भी एक आंदोलन का नेतृत्व करने के लिए सहमत होंगे जिसका अंतिम परिणाम ब्राह्मण जाति की शक्ति और प्रतिष्ठा को नष्ट करना है? क्या धर्मनिरपेक्ष ब्राह्मणों से पुरोहित ब्राह्मणों के खिलाफ निर्देशित आंदोलन में भाग लेने की उम्मीद करना उचित है? मेरे विचार से, धर्मनिरपेक्ष ब्राह्मणों और पुरोहित ब्राह्मणों के बीच अंतर करना बेकार है। दोनों ही सगे–संबंधी हैं। वे एक ही शरीर की दो भुजाएँ हैं और एक दूसरे के अस्तित्व के लिए लड़ने के लिए बाध्य हैं। इस संबंध में, मुझे प्रो. डाइसी द्वारा उनके अंग्रेजी संविधान में की गई कुछ बहुत ही महत्वपूर्ण टिप्पणियाँ याद आती हैं। संसद की विधायी सर्वोच्चता पर वास्तविक सीमा के बारे में बोलते हुए, डाइसी कहते हैं: "किसी भी संप्रभु द्वारा, और विशेष रूप से संसद द्वारा, अधिकार का वास्तविक प्रयोग दो सीमाओं से घिरा या नियंत्रित होता है। इनमें से एक बाहरी सीमा है, और दूसरी आंतरिक सीमा है। संप्रभु की वास्तविक शक्ति की बाहरी सीमा इस संभावना या निश्चितता में निहित है कि उसके विषय या उनमें से एक बड़ी संख्या उसके कानूनों की अवज्ञा या विरोध करेगी... संप्रभुता के प्रयोग की

आंतरिक सीमा संप्रभु शक्ति की प्रकृति से ही उत्पन्न होती है। यहाँ तक कि एक तानाशाह भी अपने चरित्र के अनुसार अपनी शक्तियों का प्रयोग करता है, जो स्वयं उस परिस्थिति से प्रभावित होता है जिसके तहत वह रहता है, जिसमें उस समय की नैतिक भावनाएँ और वह समाज शामिल है जिससे वह संबंधित है। सुल्तान, यदि चाहे, तो भी मुस्लिम दुनिया के धर्म को नहीं बदल सकता था, लेकिन यदि वह ऐसा कर भी सकता है, तो यह अत्यंत असंभव है कि मुस्लिम धर्म का मुखिया मोहम्मद के धर्म को उखाड़ फेंकना चाहे; सुल्तान की शक्ति के प्रयोग पर आंतरिक नियंत्रण कम से कम बाहरी सीमा जितना ही मजबूत है। लोग कभी–कभी बेकार सवाल पूछते हैं, पोप यह या वह सुधार क्यों नहीं पेश करते? सही जवाब यह है कि क्रांतिकारी वह व्यक्ति नहीं है जो पोप बन जाता है और जो व्यक्ति पोप बन जाता है, उसकी क्रांतिकारी बनने की कोई इच्छा नहीं होती। मुझे लगता है, ये टिप्पणियाँ भारत के ब्राह्मणों पर भी समान रूप से लागू होती हैं और कोई भी उतनी ही सच्चाई से कह सकता है कि अगर पोप बनने वाले व्यक्ति की क्रांतिकारी बनने की कोई इच्छा नहीं होती, तो ब्राह्मण के रूप में जन्म लेने वाले व्यक्ति की क्रांतिकारी बनने की इच्छा तो और भी कम होती है। वास्तव में, समाज सुधार के मामले में ब्राह्मण से क्रांतिकारी बनने की उम्मीद करना उतना ही बेकार है, जितना कि ब्रिटिश संसद से यह उम्मीद करना कि वह, जैसा कि लेस्ली स्टीफन ने कहा था, एक ऐसा कानून पारित करेगी जिसमें नीली आंखों वाले सभी बच्चों की हत्या करने की बात कही गई है।

आपमें से कुछ लोग कहेंगे कि यह कोई छोटी बात नहीं है कि ब्राह्मण जाति के खिलाफ आंदोलन का नेतृत्व करने के लिए आगे आते हैं या नहीं। मेरे विचार से ऐसा दृष्टिकोण रखना समाज में बौद्धिक वर्ग की भूमिका को नजरअंदाज करना है। चाहे आप महापुरुष को इतिहास का निर्माता मानें या न मानें, इतना तो आपको मानना ही पड़ेगा कि हर देश में बौद्धिक वर्ग सबसे प्रभावशाली वर्ग होता है, भले ही वह शासक वर्ग न हो। बौद्धिक वर्ग वह वर्ग होता है जो पूर्वानुमान लगा सकता है,

यह वह वर्ग होता है जो सलाह दे सकता है और नेतृत्व दे सकता है। किसी भी देश में आम जनता बुद्धिमानी से विचार और कार्य करके जीवन नहीं जीती। यह काफी हद तक नकल करता है और बौद्धिक वर्ग का अनुसरण करता है। यह कहने में कोई अतिशयोक्ति नहीं है कि किसी देश का पूरा भाग्य उसके बौद्धिक वर्ग पर निर्भर करता है। यदि बौद्धिक वर्ग ईमानदार, स्वतंत्र और निःस्वार्थ है तो उस पर भरोसा किया जा सकता है कि वह संकट आने पर पहल करेगा और उचित नेतृत्व करेगा। यह सच है कि बुद्धि अपने आप में कोई गुण नहीं है। यह केवल एक साधन है और साधनों का उपयोग इस बात पर निर्भर करता है कि एक बौद्धिक व्यक्ति किस लक्ष्य का पीछा करता है। एक बौद्धिक व्यक्ति एक अच्छा आदमी हो सकता है लेकिन वह आसानी से एक बदमाश भी हो सकता है। इसी तरह एक बौद्धिक वर्ग उच्च आत्माओं वाले व्यक्तियों का एक समूह हो सकता है, जो मदद करने के लिए तैयार है, भटकती मानवता को मुक्ति दिलाने के लिए तैयार है या यह आसानी से बदमाशों का एक गिरोह या एक संकीर्ण गुट के समर्थकों का एक समूह हो सकता है जिससे इसे अपना समर्थन मिलता है। आपको यह अफसोस हो सकता है कि भारत में बौद्धिक वर्ग केवल ब्राह्मण जाति का दूसरा नाम है। आपको इस बात का अफसोस हो सकता है कि दोनों एक हैंय कि बौद्धिक वर्ग का अस्तित्व एक ही जाति से बंधा होना चाहिए, वर्ग को एक ही जाति से बाँधा जाना चाहिए, अर्थात यह बौद्धिक वर्ग उस ब्राह्मण जाति के हितों और आकांक्षाओं को साझा करे, जिसने स्वयं को देश के हितों के बजाय उस जाति के हितों का संरक्षक माना है। यह सब बहुत खेदजनक हो सकता है। लेकिन तथ्य यह है कि ब्राह्मण हिंदुओं का बौद्धिक वर्ग है। यह केवल एक बौद्धिक वर्ग ही नहीं है, बल्कि यह एक ऐसा वर्ग है, जिसे शेष हिंदू बहुत सम्मान देते हैं। हिंदुओं को सिखाया जाता है कि ब्राह्मण भूदेव (पृथ्वी पर देवता) हैं। वर्णानाम् ब्राह्मणो गुरुः हिंदुओं को सिखाया जाता है कि केवल ब्राह्मण ही उनके शिक्षक हो सकते हैं। मनु कहते हैं, "यदि यह पूछा जाए कि धर्म के उन बिंदुओं के संबंध में क्या होना चाहिए,

जिनका विशेष रूप से उल्लेख नहीं किया गया है, तो इसका उत्तर यह है कि ब्राह्मण जो कि विद्वान हैं, जो कि उपदेश देते हैं, निस्संदेह वैधानिक रूप से मान्य होंगे।"

अनाम्नातेषु धर्मेषु कथं स्यादिति चेद्भवेत्।
यं शिष्टा ब्राह्मणा ब्रूयुः स धर्मः स्यादशङ्कितः।

जब ऐसा बौद्धिक वर्ग, जो शेष समाज को अपने नियंत्रण में रखता है, जाति सुधार का विरोध करता है, तो जाति व्यवस्था को तोड़ने के लिए आंदोलन में सफलता की संभावना मुझे बहुत दूर की कौड़ी लगती है।

दूसरा कारण, जिसके लिए मैं कहता हूँ कि यह कार्य असंभव है, स्पष्ट हो जाएगा यदि आप ध्यान में रखेंगे कि जाति व्यवस्था के दो पहलू हैं। इसके एक पहलू में, यह मनुष्यों को अलग–अलग समुदायों में विभाजित करता है। इसके दूसरे पहलू में, यह इन समुदायों को सामाजिक स्थिति में एक दूसरे से ऊपर एक श्रेणीबद्ध क्रम में रखता है। प्रत्येक जाति इस तथ्य पर गर्व और सांत्वना महसूस करती है कि जातियों के पैमाने पर वह किसी अन्य जाति से ऊपर है। इस श्रेणीकरण के बाहरी चिह्न के रूप में, सामाजिक और धार्मिक अधिकारों का एक श्रेणीकरण भी है जिसे तकनीकी रूप से *अष्टाधिकार* और *संस्कार* कहा जाता है। किसी जाति का ग्रेड जितना ऊँचा होता है, इन अधिकारों की संख्या उतनी ही अधिक होती है और ग्रेड जितना कम होता है, उनकी संख्या उतनी ही कम होती है। श्रेणी जितनी बड़ी होगी, उनकी संख्या उतनी ही कम होगी। अब जातियों का यह वर्गीकरण, यह पैमाना जाति व्यवस्था के खिलाफ एक आम मोर्चा संगठित करना असंभव बना देता है। यदि कोई जाति अपने से ऊपर की किसी जाति के साथ भोजन और विवाह करने का अधिकार मांगती है, तो उसे तुरंत रोक दिया जाता है, उसे उपद्रवी तत्वों द्वारा बताया जाता है, और ऐसे उपद्रवियों में कई ब्राह्मण भी हैं, कि उसे अपने से नीचे की जातियों के साथ भोजन और विवाह करना स्वीकार करना होगा! सभी जाति व्यवस्था के गुलाम हैं। लेकिन सभी गुलामों की स्थिति समान नहीं है। आर्थिक क्रांति लाने

के लिए सर्वहारा वर्ग को उत्साहित करने के लिए कार्ल मार्क्स ने उनसे कहाः "आपके पास खोने के लिए अपनी जंजीरों के अलावा कुछ नहीं है।" लेकिन जिस चालाकी से विभिन्न जातियों के बीच सामाजिक और धार्मिक अधिकार वितरित किए जाते हैं, जिसमें किसी को अधिक और किसी को कम मिलता है, वह जाति व्यवस्था के खिलाफ हिंदुओं को उत्साहित करने के लिए कार्ल मार्क्स के नारे को बिल्कुल बेकार बना देता है। जातियाँ उच्च और निम्न, संप्रभुता की एक श्रेणीबद्ध प्रणाली बनाती हैं, जो अपनी स्थिति से ईर्ष्या करती हैं और जो जानती हैं कि यदि सामान्य विघटन हुआ, तो उनमें से कुछ अपनी प्रतिष्ठा और शक्ति को दूसरों की तुलना में अधिक खो देंगे। इसलिए, आप जाति व्यवस्था पर आक्रमण करने के लिए, सैन्य अभिव्यक्ति का उपयोग करने के लिए हिंदुओं की सामान्य लामबंदी नहीं कर सकते।

XXII

क्या आप तर्क का सहारा ले सकते हैं और हिंदुओं से जाति को तर्क के विपरीत मानते हुए उसे त्यागने के लिए कह सकते हैं? इससे यह प्रश्न उठता हैः क्या एक हिंदू अपने तर्क का पालन करने के लिए स्वतंत्र है? मनु ने तीन प्रतिबंध निर्धारित किए हैं जिनका पालन प्रत्येक हिंदू को अपने व्यवहार के मामले में करना चाहिए। वेदः स्मृतिः सदाचारः स्वस्य च प्रियमात्मनः स यहाँ तर्क के लिए कोई स्थान नहीं है। एक हिंदू को वेद, स्मृति या सदाचार में से किसी एक का पालन करना चाहिए। वह किसी और का पालन नहीं कर सकता। सबसे पहले, जब भी कोई संदेह उत्पन्न होता है, तो वेदों और *स्मृतियों* के ग्रंथों की व्याख्या कैसे की जानी चाहिए? इस महत्वपूर्ण प्रश्न पर मनु का दृष्टिकोण बिल्कुल स्पष्ट है। वे कहते हैं:

योऽवमन्येत ते मूले हेतुशास्त्राश्रयात् द्विजः।
स साधुभिर्बहिष्कार्यो नास्तिकियो वेदनिन्दकः।।

इस नियम के अनुसार, वेदों और स्मृतियों की व्याख्या करने के सिद्धांत के रूप में बुद्धिवाद की पूरी तरह निंदा की जाती है। इसे

नास्तिकता के समान ही दुष्ट माना जाता है और इसके लिए दंड का प्रावधान है बहिष्कार। इस प्रकार, जहाँ कोई विषय वेद या स्मृति द्वारा कवर किया गया हो, वहाँ हिंदू तर्कसंगत सोच का सहारा नहीं ले सकता। यहाँ तक कि जब वेदों और स्मृतियों के बीच उन विषयों पर संघर्ष होता है, जिन पर उन्होंने सकारात्मक आदेश दिया है, तो समाधान तर्क पर नहीं छोड़ा जाता। जब दो श्रुतियों के बीच संघर्ष होता है, तो दोनों को समान अधिकार माना जाना चाहिए। उनमें से किसी का भी पालन किया जा सकता है। यह पता लगाने का कोई प्रयास नहीं किया जाना चाहिए कि दोनों में से कौन सी तर्क के अनुरूप है। मनु ने इसे स्पष्ट किया हैः

श्रुतिद्वैधं तु यत्र स्यात्तत्र धर्मावुभौ स्मृतौ।

"जब श्रुति और स्मृति के बीच संघर्ष हो तो श्रुति को ही जीतना चाहिए।" लेकिन यहां भी यह जानने का प्रयास नहीं किया जाना चाहिए कि दोनों में से कौन सा तर्क के अनुरूप है। मनु ने निम्नलिखित श्लोक में इसका उल्लेख किया हैः

या वेदवाह्याः स्मृत्यो याश्च कश्च कुदृष्टयः।
सर्वास्ता निष्फलाः प्रेत्य तमोनिष्ठा हि ताः स्मृताः ।।

पुनः, जब दो स्मृतियों के बीच संघर्ष हो तो मनुस्मृति को ही प्राथमिकता दी जानी चाहिए, किन्तु यह जानने का प्रयास नहीं किया जाना चाहिए कि दोनों में से कौन सी स्मृति तर्क के अनुरूप है। बृहस्पति द्वारा दिया गया यह नियम हैः

वेदायत्वोपनिबंधित्वात् प्रमाणं हि मनोः स्मृतं।
मन्वर्थविपरीता तु या स्मृतिः सा न शस्यते।।

अतः यह स्पष्ट है कि जिस भी विषय पर श्रुति और स्मृति ने सकारात्मक दिशा दी है, एक हिंदू अपनी तर्क शक्ति का इस्तेमाल करने के लिए स्वतंत्र नहीं है। महाभारत में भी यही नियम दिया गया हैः

पुराणं मानवो धर्मः सांगो वेदश्चिकित्सितं।
आज्ञासिद्धानि चत्वारि न हन्तव्यानि हेतुभिः।।

उसे उनके निर्देशों का पालन करना चाहिए। जाति और वर्ण ऐसे मामले हैं, जिनका निपटारा वेदों और स्मृतियों में किया गया है और परिणामस्वरूप, तर्क की अपील हिंदू पर कोई प्रभाव नहीं डाल सकती। जहाँ तक जाति और वर्ण का सवाल है, न केवल शास्त्र हिंदू को इस प्रश्न के निर्णय में अपने तर्क का उपयोग करने की अनुमति नहीं देते हैं, बल्कि उन्होंने यह भी ध्यान रखा है कि जाति और वर्ण में उनके विश्वास की नींव की तर्कसंगत तरीके से जाँच करने का कोई अवसर न बचे। कई गैर–हिंदुओं के लिए यह एक मौन मनोरंजन का स्रोत होना चाहिए कि सैकड़ों और हजारों हिंदू कुछ अवसरों पर जाति तोड़ते हैं, जैसे कि रेल यात्रा और विदेश यात्रा, लेकिन फिर भी अपने जीवन के बाकी समय में जाति को बनाए रखने का प्रयास करते हैं! इस घटना की व्याख्या हिंदुओं की तर्कशक्ति पर एक और बंधन को उजागर करती है। मनुष्य का जीवन आम तौर पर आदतन और अचिंतनशील होता है। किसी भी विश्वास या कथित रूप या ज्ञान पर सक्रिय, लगातार और सावधानी से विचार करने के अर्थ में चिंतनशील विचार, जो उसके समर्थन में आधारों और आगे के निष्कर्षों के प्रकाश में होता है, बहुत दुर्लभ है और केवल ऐसी स्थिति में उत्पन्न होता है जो एक दुविधा–संकट प्रस्तुत करता है। रेल यात्रा और विदेश यात्रा वास्तव में एक हिंदू के जीवन में संकट के अवसर होते हैं और एक हिंदू से यह अपेक्षा करना स्वाभाविक है कि वह खुद से पूछे कि अगर वह हर समय जाति को बनाए नहीं रख सकता है, तो उसे जाति को बनाए क्यों रखना चाहिए। लेकिन वह ऐसा नहीं करता है। वह एक कदम पर जाति को तोड़ता है और बिना कोई सवाल उठाए अगले कदम पर उसका पालन करता है। इस आश्चर्यजनक आचरण का कारण शास्त्रों के नियम में पाया जाता है, जो उसे निर्देश देता है कि जहाँ तक संभव हो जाति को बनाए रखे और जब वह ऐसा न कर सके तो प्रायश्चित्त करे। प्रयासचित्त के इस सिद्धांत के अनुसार, शास्त्रों ने समझौते की भावना का पालन करके जाति को हमेशा के लिए जीवित कर दिया है और चिंतनशील विचारों को दबा दिया है जो अन्यथा जाति की धारणा के विनाश का कारण बनते।

जाति और अस्पृश्यता के उन्मूलन के लिए काम करने वाले कई लोग हुए हैं। उनमें से, जिनका उल्लेख किया जा सकता है, रामानुज, कबीर और अन्य प्रमुख हैं। क्या आप इन सुधारकों के कार्यों की अपील कर सकते हैं और हिंदुओं को उनका अनुसरण करने के लिए प्रेरित कर सकते हैं? यह सच है कि मनु ने श्रुति और स्मृति के साथ सदाचार को भी एक अनुमोदन के रूप में शामिल किया है। वास्तव में, सदाचार को शास्त्रों से भी अधिक स्थान दिया गया है:

यद्यद्वाचर्यते येन धर्म्म्यं वाऽधर्म्यमेव वा।
देशस्याचरणं नित्यं चरित्रं तद्धिकीर्तितम्।।

इसके अनुसार सदाचार का पालन करना चाहिए, चाहे वह शास्त्र सम्मत धर्ममय हो या अधर्ममय, अथवा शास्त्र विरुद्ध। लेकिन सदाचार का अर्थ क्या है? यदि कोई यह मान ले कि सदाचार का अर्थ है सही या अच्छे कार्य, अर्थात अच्छे और धर्मी लोगों के कार्य, तो वह बहुत बड़ी भूल करेगा। सदाचार का अर्थ अच्छे कार्य या अच्छे लोगों के कार्य नहीं है। इसका अर्थ है प्राचीन रीति–रिवाज अच्छा या बुरा। निम्न श्लोक इसे स्पष्ट करता है:

यस्मिन् देशे य आचारः परम्पराक्रमागतः।
वर्णानां किल सर्वेषां स सदाचार उच्यते।।

मानो लोगों को इस दृष्टिकोण के विरुद्ध चेतावनी देने के लिए कि सदाचार का अर्थ अच्छे कार्य या अच्छे लोगों के कार्य हैं और इस भय से कि लोग इसे इस प्रकार समझ सकते हैं और अच्छे लोगों के कार्यों का अनुसरण कर सकते हैं, स्मृतियों ने स्पष्ट शब्दों में हिंदुओं को आदेश दिया है कि यदि अच्छे कार्य श्रुति, स्मृति और सदाचार के विरुद्ध हैं, तो देवताओं का भी अनुसरण न करें। यह अत्यंत असाधारण, अत्यंत विकृत प्रतीत हो सकता है, लेकिन तथ्य यह है कि न देवचरितं चरेत् एक आदेश है, जो हिंदुओं को उनके शास्त्रों द्वारा जारी किया गया है। सुधारक के शस्त्रागार में तर्क और नैतिकता दो सबसे शक्तिशाली हथियार हैं। उसे इन हथियारों के इस्तेमाल से वंचित करना उसे कार्रवाई के लिए अक्षम करना है। आप जाति को कैसे

तोड़ेंगे, अगर लोग इस बात पर विचार करने के लिए स्वतंत्र नहीं हैं कि यह तर्क के अनुरूप है या नहीं? आप जाति को कैसे तोड़ेंगे, अगर लोग इस बात पर विचार करने के लिए स्वतंत्र नहीं हैं कि यह नैतिकता के अनुरूप है या नहीं? जाति के चारों ओर बनाई गई दीवार अभेद्य है और जिस सामग्री से इसे बनाया गया है, उसमें तर्क और नैतिकता का कोई भी ज्वलनशील तत्व नहीं है। इसमें यह तथ्य भी जोड़ लें कि इस दीवार के अंदर ब्राह्मणों की सेना खड़ी है जो बौद्धिक वर्ग का निर्माण करती है, ब्राह्मण जो हिंदुओं के स्वाभाविक नेता हैं, ब्राह्मण जो केवल भाड़े के सैनिकों के रूप में नहीं बल्कि अपनी मातृभूमि के लिए लड़ने वाली सेना के रूप में हैं और आपको यह अंदाजा हो जाएगा कि मैं क्यों सोचता हूँ कि हिंदुओं के बीच जाति को तोड़ना लगभग असंभव है। किसी भी स्थिति में, इसे तोड़ने में युगों लग जाएँगे। लेकिन चाहे काम करने में समय लगे या इसे जल्दी किया जा सके, आपको यह नहीं भूलना चाहिए कि यदि आप व्यवस्था में दरार डालना चाहते हैं तो आपको वेदों और शास्त्रों में डायनामाइट लगाना होगा, जो तर्क को किसी भी हिस्से से वंचित करते हैं, वेदों और शास्त्रों में, जो नैतिकता को किसी भी हिस्से से वंचित करते हैं। आपको श्रुति और स्मृति के धर्म को नष्ट करना होगा। कुछ और काम नहीं आएगा। यह इस मामले पर मेरा सुविचारित दृष्टिकोण है।

XXIII

कुछ लोग शायद यह न समझ पाएं कि धर्म के विनाश से मेरा क्या मतलब हैय कुछ लोगों को यह विचार विद्रोही लग सकता है और कुछ को यह क्रांतिकारी लग सकता है। इसलिए मैं अपनी स्थिति स्पष्ट करना चाहता हूँ। मुझे नहीं पता कि आप सिद्धांतों और नियमों के बीच कोई अंतर करते हैं या नहीं। लेकिन मैं करता हूँ। न केवल मैं अंतर करता हूँ बल्कि मैं कहता हूँ कि यह अंतर वास्तविक और महत्वपूर्ण है। नियम व्यावहारिक होते हैंय वे नुस्खे के अनुसार काम करने के आदतन तरीके होते हैं। लेकिन सिद्धांत बौद्धिक होते हैंय वे चीजों को परखने के उपयोगी तरीके होते हैं। नियम किसी व्यक्ति को यह बताने का

प्रयास करते हैं कि उसे किस तरह की कार्रवाई करनी है। सिद्धांत किसी खास तरह की कार्रवाई का निर्देश नहीं देते। नियम, खाना पकाने की विधि की तरह, यह बताते हैं कि क्या करना है और कैसे करना है। न्याय जैसे सिद्धांत, एक मुख्य शीर्षक प्रदान करते हैं जिसके संदर्भ में उसे अपनी इच्छाओं और उद्देश्यों के बारे में विचार करना होता है, यह उसे महत्वपूर्ण विचार सुझाकर उसकी सोच में मार्गदर्शन करता है जिसे उसे ध्यान में रखना चाहिए। नियमों और सिद्धांतों के बीच यह अंतर उनके अनुसरण में किए गए कार्यों को गुणवत्ता और सामग्री में भिन्न बनाता है। किसी नियम के आधार पर जो अच्छा कहा जाता है उसे करना और किसी सिद्धांत के प्रकाश में अच्छा करना दो अलग–अलग चीजें हैं। सिद्धांत गलत हो सकता है लेकिन कार्य सचेत और जिम्मेदार होता है। नियम सही हो सकता है लेकिन कार्य यांत्रिक होता है। धार्मिक कार्य सही कार्य नहीं हो सकता है लेकिन कम से कम एक जिम्मेदार कार्य होना चाहिए। इस उत्तरदायित्व को स्वीकार करने के लिए धर्म को मुख्यतः सिद्धांतों का विषय होना चाहिए। यह नियमों का विषय नहीं हो सकता। जिस क्षण यह नियमों में बदल जाता है, यह धर्म नहीं रह जाता, क्योंकि यह उत्तरदायित्व को नष्ट कर देता है, जो सच्चे धार्मिक कार्य का सार है। यह हिंदू धर्म क्या है? क्या यह सिद्धांतों का समूह है या नियमों की संहिता है? अब हिंदू धर्म, जैसा कि वेदों और स्मृतियों में निहित है, कुछ और नहीं बल्कि यज्ञीय, सामाजिक, राजनीतिक और स्वच्छता संबंधी नियमों और विनियमों का एक समूह है, जो सभी मिश्रित हैं। हिंदुओं द्वारा जिसे धर्म कहा जाता है, वह कुछ और नहीं बल्कि आदेशों और निषेधों का एक समूह है। आध्यात्मिक सिद्धांतों के अर्थ में धर्म, वास्तव में सार्वभौमिक, सभी जातियों, सभी देशों, सभी समयों पर लागू होने वाला, उनमें नहीं पाया जाता है, और यदि है भी, तो यह हिंदू के जीवन का नियामक हिस्सा नहीं बनता है। एक हिंदू के लिए धर्म का अर्थ है आदेश और निषेध, यह इस बात से स्पष्ट है कि वेदों और स्मृतियों में धर्म शब्द का जिस तरह से प्रयोग किया गया है और टीकाकारों ने इसे जिस तरह से समझा है। टिप्पणीकारों द्वारा

समझा गया। वेदों में प्रयुक्त धर्म शब्द का अर्थ अधिकांश मामलों में धार्मिक अध्यादेश या अनुष्ठान होता है। जैमिनी ने भी अपने पूर्व–मीमांसा में धर्म को एक वांछनीय लक्ष्य या परिणाम के रूप में परिभाषित किया है जो कि आदेशात्मक (वैदिक) अंशों द्वारा इंगित किया जाता है৳। सरल भाषा में कहें तो हिंदू जिसे धर्म कहते हैं, वह वास्तव में कानून है या अधिक से अधिक वैधानिक वर्ग–नैतिकता है। स्पष्ट रूप से, मैं अध्यादेशों की इस संहिता को धर्म कहने से इनकार करता हूँ। धर्म के रूप में लोगों के सामने गलत तरीके से प्रस्तुत किए गए अध्यादेशों की ऐसी संहिता की पहली बुराई यह है कि यह नैतिक जीवन को स्वतंत्रता और सहजता से वंचित करती है और इसे (किसी भी दर पर कर्तव्यनिष्ठ लोगों के लिए) बाहरी रूप से लगाए गए नियमों के प्रति कमोबेश चिंताजनक और दासतापूर्ण अनुरूपता में बदल देती है। इसके तहत आदर्शों के प्रति कोई निष्ठा नहीं है, केवल आदेशों का अनुपालन है। लेकिन अध्यादेशों की इस संहिता की सबसे बड़ी बुराई यह है कि इसमें शामिल कानून कल, आज और हमेशा एक जैसे होने चाहिए। वे इस मायने में अन्यायपूर्ण हैं कि वे एक वर्ग के लिए दूसरे वर्ग के लिए समान नहीं हैं। लेकिन यह अन्याय स्थायी है क्योंकि उन्हें सभी पीढ़ियों के लिए समान माना जाता है। ऐसी योजना का आपत्तिजनक हिस्सा यह नहीं है कि वे पैगंबर या कानून–निर्माता कहे जाने वाले कुछ लोगों द्वारा बनाए गए हैं। आपत्तिजनक हिस्सा यह है कि इस संहिता को अंतिमता और स्थिरता के चरित्र के साथ निवेशित किया गया है। खुशी एक व्यक्ति की स्थितियों और परिस्थितियों के साथ–साथ विभिन्न लोगों और युगों की स्थितियों के साथ बेहद भिन्न होती है। ऐसा होने पर, मानवता बिना तंग और अपंग हुए, शाश्वत कानूनों की इस संहिता को कैसे सहन कर सकती है? इसलिए, मुझे यह कहने में कोई हिचकिचाहट नहीं है कि इस तरह के धर्म को नष्ट कर दिया जाना चाहिए और मैं कहता हूँ, इस तरह के धर्म के विनाश के लिए काम करना कुछ भी अधार्मिक नहीं है। वास्तव में मैं मानता हूँ कि इस मुखौटे को फाड़ना, इस कानून को धर्म के रूप में गलत नाम देने से हुई गलत व्याख्या को

दूर करना आपका अनिवार्य कर्तव्य है। यह आपके लिए एक आवश्यक कदम है। एक बार जब आप लोगों के मन से इस गलत धारणा को हटा देंगे और उन्हें यह एहसास करा देंगे कि जो उन्हें धर्म के रूप में बताया जाता है, वह धर्म नहीं है, बल्कि यह वास्तव में कानून है, तो आप इसके संशोधन या उन्मूलन के लिए आग्रह करने की स्थिति में होंगे। जब तक लोग इसे धर्म के रूप में देखते रहेंगे, वे बदलाव के लिए तैयार नहीं होंगे, क्योंकि धर्म का विचार आम तौर पर बदलाव के विचार से जुड़ा नहीं होता है। लेकिन कानून का विचार बदलाव के विचार से जुड़ा होता है और जब लोगों को पता चलेगा कि जिसे धर्म कहा जाता है, वह वास्तव में कानून है, पुराना और अप्रचलित, तो वे बदलाव के लिए तैयार होंगे, क्योंकि लोग जानते हैं और स्वीकार करते हैं कि कानून को बदला जा सकता है।

XXIV

जबकि मैं नियमों वाले धर्म की निंदा करता हूँ, मुझे यह नहीं समझा जाना चाहिए कि धर्म की कोई आवश्यकता नहीं है। इसके विपरीत, मैं बर्क से सहमत हूँ जब वह कहता है कि, "सच्चा धर्म समाज की नींव है, वह आधार जिस पर सभी सच्ची नागरिक सरकारें टिकी हुई हैं, और दोनों ही उनकी स्वीकृति हैं।" परिणामस्वरूप, जब मैं आग्रह करता हूँ कि जीवन के इन प्राचीन नियमों को रद्द कर दिया जाए, तो मैं उत्सुक हूँ कि इसका स्थान सिद्धांतों वाले धर्म द्वारा लिया जाना चाहिए, जो अकेले ही सच्चा धर्म होने का दावा कर सकता है। वास्तव में, मैं धर्म की आवश्यकता के बारे में इतना आश्वस्त हूँ कि मुझे लगता है कि मुझे आपको संक्षेप में बताना चाहिए कि मैं इस धार्मिक सुधार में क्या आवश्यक वस्तुएँ मानता हूँ। मेरी राय में इस सुधार में निम्नलिखित मुख्य वस्तुएँ होनी चाहिएः (1) हिंदू धर्म की एक और केवल एक मानक पुस्तक होनी चाहिए, जो सभी हिंदुओं को स्वीकार्य हो और सभी हिंदुओं द्वारा मान्यता प्राप्त हो। इसका मतलब यह है कि हिंदू धर्म की अन्य सभी पुस्तकें जैसे वेद, शास्त्र और पुराण, जिन्हें पवित्र और प्रामाणिक माना जाता है, उन्हें कानून द्वारा ऐसा नहीं माना जाना चाहिए और इन

पुस्तकों में निहित किसी भी धार्मिक या सामाजिक सिद्धांत का प्रचार करने पर दंड दिया जाना चाहिए। (2) बेहतर होगा कि हिंदुओं में पुरोहिताई को समाप्त कर दिया जाए। लेकिन चूंकि यह असंभव लगता है, इसलिए पुरोहिताई को कम से कम वंशानुगत तो होना ही चाहिए। प्रत्येक व्यक्ति जो हिंदू होने का दावा करता है, उसे पुजारी बनने का पात्र होना चाहिए। कानून द्वारा यह प्रावधान किया जाना चाहिए कि कोई भी हिंदू तब तक पुजारी बनने का हकदार नहीं होगा जब तक कि वह राज्य द्वारा निर्धारित परीक्षा उत्तीर्ण न कर ले और उसे राज्य से सनद प्राप्त न हो, जो उसे पुजारी बनने की अनुमति देता हो। (3) किसी पुजारी द्वारा किया गया कोई भी समारोह, जिसके पास सनद न हो, कानून में वैध नहीं माना जाएगा और किसी ऐसे व्यक्ति के लिए पुजारी के रूप में कार्य करना दंडनीय होना चाहिए, जिसके पास सनद न हो। (4) पुजारी को राज्य का सेवक होना चाहिए और उसे अपने नैतिक मूल्यों, विश्वासों और पूजा–पाठ के मामले में राज्य द्वारा अनुशासनात्मक कार्रवाई के अधीन होना चाहिए, इसके अलावा वह अन्य नागरिकों के साथ देश के सामान्य कानून के अधीन होना चाहिए। (5) पुजारियों की संख्या राज्य की आवश्यकताओं के अनुसार कानून द्वारा सीमित होनी चाहिए, जैसा कि आई.सी.एस. के मामले में किया जाता है। कुछ लोगों को यह क्रांतिकारी लग सकता है। लेकिन मेरे विचार से इसमें कुछ भी क्रांतिकारी नहीं है। भारत में प्रत्येक व्यवसाय विनियमित है। इंजीनियरों को प्रवीणता दिखानी चाहिए, डॉक्टरों को प्रवीणता दिखानी चाहिए, वकीलों को प्रवीणता दिखानी चाहिए, तभी उन्हें अपने व्यवसायों का अभ्यास करने की अनुमति दी जाती है। अपने पूरे करियर के दौरान, उन्हें न केवल देश के कानून, दीवानी और फौजदारी का पालन करना चाहिए, बल्कि उन्हें अपने–अपने व्यवसायों द्वारा निर्धारित विशेष नैतिक संहिता का भी पालन करना चाहिए। पुजारी का पेशा एकमात्र ऐसा पेशा है जहाँ प्रवीणता की आवश्यकता नहीं है। हिंदू पुजारी का पेशा एकमात्र ऐसा पेशा है जो किसी भी संहिता के अधीन नहीं है। मानसिक रूप से एक पुजारी मूर्ख हो सकता

है, शारीरिक रूप से एक पुजारी किसी गंदी बीमारी, जैसे कि सिफलिस या गोनोरिया से पीड़ित हो सकता है, नैतिक रूप से वह बर्बाद हो सकता है। लेकिन वह गंभीर समारोहों में भाग लेने, हिंदू मंदिर के गर्भगृह में प्रवेश करने और हिंदू भगवान की पूजा करने के योग्य है। हिंदुओं में यह सब इसलिए संभव हो पाता है क्योंकि एक पुजारी के लिए पुजारी जाति में पैदा होना ही काफी है। यह पूरी बात घृणित है और इसका कारण यह है कि हिंदुओं में पुरोहित वर्ग न तो कानून के अधीन है और न ही नैतिकता के। हिंदुओं में जाति न तो कानून के अधीन है और न ही नैतिकता के। यह किसी कर्तव्य को नहीं मानता। यह केवल अधिकारों और विशेषाधिकारों को जानता है। यह एक ऐसा कीड़ा है जिसे ईश्वर ने लोगों के मानसिक और नैतिक पतन के लिए छोड़ दिया है। पुरोहित वर्ग को कुछ ऐसे कानून द्वारा नियंत्रित किया जाना चाहिए जैसा कि मैंने ऊपर बताया है। यह उसे शरारत करने और लोगों को गुमराह करने से रोकेगा। यह उसे सभी के लिए खोलकर उसे लोकतांत्रिक बनाएगा। यह निश्चित रूप से ब्राह्मणवाद को मारने में मदद करेगा और जाति को भी मारने में मदद करेगा, जो कि ब्राह्मणवाद का अवतार है। ब्राह्मणवाद वह जहर है जिसने हिंदू धर्म को खराब कर दिया है। यदि आप ब्राह्मणवाद को मार देंगे तो आप हिंदू धर्म को बचाने में सफल होंगे। इस सुधार का किसी भी तरफ से विरोध नहीं होना चाहिए। इसका स्वागत आर्य समाजियों द्वारा भी किया जाना चाहिए, क्योंकि यह केवल उनके अपने गुण–कर्म के सिद्धांत का एक अनुप्रयोग है। चाहे आप ऐसा करें या न करें, आपको अपने धर्म को एक नया सैद्धांतिक आधार देना होगा–एक ऐसा आधार जो स्वतंत्रता, समानता और बंधुत्व के अनुरूप हो, संक्षेप में लोकतंत्र के अनुरूप हो। मैं इस विषय का कोई विशेषज्ञ नहीं हूँ। लेकिन मुझे बताया गया है कि ऐसे धार्मिक सिद्धांतों के लिए जो स्वतंत्रता, समानता और बंधुत्व के अनुरूप होंगे, आपके लिए विदेशी स्रोतों से उधार लेने की आवश्यकता नहीं होगी और आप ऐसे सिद्धांतों के लिए उपनिषदों का सहारा ले सकते हैं। क्या आप उन्हें पूरी तरह से बदले बिना, उनमें निहित अयस्क

को काफी हद तक खुरचने और छीलने के बिना ऐसा कर सकते हैं, यह मैं नहीं कह सकता। इसका अर्थ है जीवन की मौलिक धारणाओं में आमूल परिवर्तन। इसका अर्थ है जीवन के मूल्यों में आमूल परिवर्तन। इसका अर्थ है लोगों और चीजों के प्रति दृष्टिकोण और रवैये में आमूल परिवर्तन। इसका अर्थ है रूपांतरणय लेकिन अगर आपको यह शब्द पसंद नहीं है, तो मैं कहूँगा, इसका अर्थ है नया जीवन। लेकिन एक नया जीवन उस शरीर में प्रवेश नहीं कर सकता जो मर चुका है। नया जीवन केवल एक नए शरीर में ही प्रवेश कर सकता है। नये शरीर के अस्तित्व में आने और नये जीवन के उसमें प्रवेश करने से पहले पुराने शरीर का मरना आवश्यक है। सरल शब्दों में कहें तो, नए के सक्रिय होने और धड़कने से पहले पुराने को क्रियाशील होना बंद कर देना चाहिए। जब मैंने कहा कि आपको शास्त्रों के अधिकार को त्याग देना चाहिए और शास्त्रों के धर्म को नष्ट कर देना चाहिए, तो मेरा यही मतलब था।

XXV

मैंने आपको बहुत देर तक रोके रखा। अब समय आ गया है कि मैं इस संबोधन को समाप्त कर दूं। मेरे लिए यहीं रुकना सुविधाजनक होता। लेकिन यह शायद हिंदुओं से जुड़े किसी महत्वपूर्ण विषय पर हिंदू श्रोताओं के लिए मेरा आखिरी संबोधन होगा। इसलिए, समापन से पहले मैं हिंदुओं के सामने, अगर वे मुझे अनुमति दें, कुछ प्रश्न रखना चाहूँगा जिन्हें मैं महत्वपूर्ण मानता हूँ और उन्हें इस पर गंभीरता से विचार करने के लिए आमंत्रित करता हूँ।

सबसे पहले, हिंदुओं को यह विचार करना चाहिए कि क्या मानवविज्ञानी के शांत दृष्टिकोण को मान लेना पर्याप्त है कि दुनिया के विभिन्न लोगों के बीच जो विश्वास, आदतें, नैतिकताएं और जीवन के प्रति दृष्टिकोण हैं, उनके बारे में कहने के लिए कुछ भी नहीं है, सिवाय इसके कि वे अक्सर भिन्न होते हैंय या यह पता लगाने का प्रयास करना आवश्यक नहीं है कि किस तरह की नैतिकता, विश्वास, आदतें और दृष्टिकोण ने सबसे अच्छा काम किया है और उन लोगों को सक्षम

बनाया है जिनके पास ये हैं, वे फलने–फूलने, मजबूत होने, धरती पर लोगों को बसाने और उस पर प्रभुत्व रखने में सक्षम हैं। जैसा कि प्रो. कार्वर ने कहा है, "नैतिकता और धर्म, नैतिक स्वीकृति और अस्वीकृति की संगठित अभिव्यक्ति के रूप में, अस्तित्व के संघर्ष में कारकों के रूप में माना जाना चाहिए, जैसे कि आक्रमण और बचाव के लिए हथियार, दांत और पंजे, सींग और फुफकार, फर और पंख। सामाजिक समूह, समुदाय, जनजाति या राष्ट्र, जो नैतिकता की एक अव्यवहारिक योजना विकसित करता है या जिसके भीतर वे सामाजिक कार्य जो इसे कमजोर करते हैं और इसे जीवित रहने के लिए अयोग्य बनाते हैं, आदतन स्वीकृ ति की भावना पैदा करते हैं, जबकि वे जो इसे मजबूत करेंगे और इसे विस्तारित करने में सक्षम करेंगे, आदतन अस्वीकृति की भावना पैदा करते हैं, अंततः समाप्त हो जाएँगे। और इसे विस्तारित करने में सक्षम करेंगे, आदतन अस्वीकृति की भावना पैदा करते हैं, अंततः समाप्त हो जाएँगे। यह स्वीकृति या अस्वीकृति की इसकी आदतें हैं (ये धर्म और नैतिकता के परिणाम हैं) जो इसे अपंग बनाती हैं, ठीक वैसे ही जैसे एक तरफ दो पंखों का होना और दूसरी तरफ कोई नहीं होना मक्खियों की कॉलोनी को अपंग बनाता है। एक मामले में यह तर्क देना उतना ही निरर्थक होगा जितना कि दूसरे में कि एक प्रणाली दूसरी प्रणाली जितनी ही अच्छी है।" इसलिए नैतिकता और धर्म केवल पसंद और नापसंद के मामले नहीं हैं। आप नैतिकता की किसी योजना को बहुत नापसंद कर सकते हैं, जो अगर किसी राष्ट्र में सार्वभौमिक रूप से लागू की जाए, तो वह राष्ट्र पृथ्वी पर सबसे मजबूत राष्ट्र बन जाएगा। फिर भी आपकी नापसंदगी के बावजूद ऐसा राष्ट्र मजबूत हो जाएगा। आप नैतिकता की किसी योजना और न्याय के आदर्श को बहुत पसंद कर सकते हैं, जो अगर किसी राष्ट्र में सार्वभौमिक रूप से लागू की जाए, तो वह अन्य राष्ट्रों के साथ संघर्ष में खुद को बनाए रखने में असमर्थ हो जाएगा। फिर भी आपकी प्रशंसा के बावजूद यह राष्ट्र अंततः गायब हो जाएगा। इसलिए हिंदुओं को अपने अस्तित्व के मूल्य के संदर्भ में अपने धर्म और अपनी नैतिकता की जाँच करनी चाहिए।

दूसरी बात, हिंदुओं को इस बात पर विचार करना चाहिए कि क्या उन्हें अपनी पूरी सामाजिक विरासत को संरक्षित करना चाहिए या जो उपयोगी है उसे चुनना चाहिए और भविष्य की पीढ़ियों को केवल उतना ही देना चाहिए और इससे अधिक नहीं। प्रोफेसर जॉन डेवी, जो मेरे शिक्षक थे और जिनके मैं बहुत आभारी हूँ, ने कहा है: "हर समाज तुच्छ चीजों, अतीत की बेकार चीजों और सकारात्मक रूप से विकृत चीजों से घिरा रहता है... जैसे–जैसे समाज अधिक प्रबुद्ध होता जाता है, उसे एहसास होता है कि उसे अपनी मौजूदा उपलब्धियों को संरक्षित करने और प्रसारित करने की जिम्मेदारी नहीं है, बल्कि केवल उन उपलब्धियों को संरक्षित करने और प्रसारित करने की जिम्मेदारी है जो भविष्य के समाज को बेहतर बनाती हैं।" यहां तक कि बर्क भी, फ्रांसीसी क्रांति में निहित परिवर्तन के सिद्धांत का जिस तीव्रता से विरोध करते थे, उसके बावजूद उन्हें यह स्वीकार करना पड़ा कि "किसी परिवर्तन के साधनों के बिना एक राज्य अपने संरक्षण के साधनों के बिना है। ऐसे साधनों के बिना संविधान के उस हिस्से को खोने का जोखिम भी हो सकता है जिसे वह सबसे अधिक धार्मिक रूप से संरक्षित करना चाहता है।" बर्क ने राज्य के बारे में जो कहा वह समाज पर भी समान रूप से लागू होता है।

तीसरा, हिंदुओं को इस बात पर विचार करना चाहिए कि क्या उन्हें अतीत की पूजा करना बंद नहीं करना चाहिए क्योंकि यह उसके आदर्शों की पूर्ति करता है। अतीत की इस पूजा के लाभकारी प्रभाव को प्रो. डेवी ने सबसे अच्छे ढंग से अभिव्यक्त किया है जब वे कहते हैंरू ष्एक व्यक्ति केवल वर्तमान में ही रह सकता है। वर्तमान केवल अतीत के बाद आने वाली चीज नहीं हैय उससे उत्पन्न होने वाली चीज तो बिल्कुल भी नहीं है। यह अतीत को पीछे छोड़ने में जीवन है। अतीत के उत्पादों का अध्ययन हमें वर्तमान को समझने में मदद नहीं करेगा। अतीत और उसकी विरासत का ज्ञान तब बहुत महत्वपूर्ण होता है जब वह वर्तमान में प्रवेश करता है, लेकिन अन्यथा नहीं। और अतीत के अभिलेखों और अवशेषों को शिक्षा की मुख्य सामग्री बनाने की गलती

यह है कि यह अतीत को वर्तमान का प्रतिद्वंद्वी और वर्तमान को अतीत की कमोबेश निरर्थक नकल बना देता है।" सिद्धांत, जो वर्तमान में जीने और बढ़ने के कार्य को कम महत्व देता है, स्वाभाविक रूप से वर्तमान को खाली और भविष्य को दूर मानता है। ऐसा सिद्धांत प्रगति के लिए प्रतिकूल है और जीवन की मजबूत और स्थिर धारा में बाधा डालता है।

चौथा, हिंदुओं को विचार करना चाहिए कि क्या उनके लिए यह पहचानने का समय नहीं आ गया है कि कुछ भी स्थिर नहीं है, कुछ भी शाश्वत नहीं है, कुछ भी सनातन नहीं हैय कि सब कुछ बदल रहा है, कि परिवर्तन व्यक्ति के साथ–साथ समाज के लिए भी जीवन का नियम है। बदलते समाज में, पुराने मूल्यों में निरंतर क्रांति होनी चाहिए और हिंदुओं को यह समझना चाहिए कि यदि मनुष्यों के कार्यों को मापने के लिए मानक होने चाहिए तो उन मानकों को संशोधित करने की तत्परता भी होनी चाहिए।

XXVI

मुझे यह स्वीकार करना होगा कि यह संबोधन बहुत लंबा हो गया है। इस दोष की भरपाई किसी हद तक चौड़ाई या गहराई से की जा सकती है या नहीं, यह आपको तय करना है। मैं केवल इतना दावा करता हूँ कि मैंने आपको अपने विचार स्पष्ट रूप से बताए हैं। मेरे पास उन्हें सुझाने के लिए कुछ नहीं है, सिवाय इसके कि कुछ अध्ययन और आपके भाग्य में गहरी चिंता है। अगर आप मुझे यह कहने की अनुमति दें, तो ये विचार एक ऐसे व्यक्ति के विचार हैं, जो सत्ता का साधन नहीं रहा है, महानता का चापलूस नहीं रहा है। ये विचार एक ऐसे व्यक्ति से आते हैं, जिसका लगभग पूरा सार्वजनिक परिश्रम गरीबों और शोषितों के लिए स्वतंत्रता के लिए एक निरंतर संघर्ष रहा है और जिसका एकमात्र पुरस्कार राष्ट्रीय पत्रिकाओं और राष्ट्रीय नेताओं से लगातार बदनामी और गाली की बौछार है, और इसका कोई और कारण नहीं है, सिवाय इसके कि मैं उनके साथ मिलकर अत्याचारी के सोने से शोषितों को मुक्त करने और अमीरों के पैसे से गरीबों को ऊपर उठाने का चमत्कार करने से इनकार करता हूँ। यह सब मेरे विचारों की

सराहना करने के लिए पर्याप्त नहीं हो सकता है। मुझे लगता है कि वे आपके विचार में कोई बदलाव नहीं करेंगे। लेकिन वे करें या न करें, जिम्मेदारी पूरी तरह आपकी है। आपको जाति को जड़ से उखाड़ने के लिए प्रयास करना चाहिए, अगर मेरे तरीके से नहीं तो अपने तरीके से। मुझे खेद है, मैं आपके साथ नहीं रहूँगा। मैंने बदलाव करने का फैसला किया है। यह कारण बताने का स्थान नहीं है। लेकिन जब मैं आपके समूह से बाहर चला जाऊँगा, तब भी मैं आपकी मुहिम को सक्रिय सहानुभूति के साथ देखूँगा और आपको मेरी सहायता मिलेगी। आपका उद्देश्य राष्ट्रीय है। जाति निस्संदेह मुख्य रूप से हिंदुओं की सांस है। लेकिन हिंदुओं ने हर जगह हवा को दूषित कर दिया है और हर कोई संक्रमित है, सिख, मुस्लिम और ईसाई। इसलिए, आप उन सभी लोगों के समर्थन के हकदार हैं जो इस संक्रमण से पीड़ित हैं, सिख, मुस्लिम और ईसाई। आपका उद्देश्य दूसरे राष्ट्रीय उद्देश्य, यानी स्वराज से अधिक कठिन है। स्वराज की लड़ाई में आप पूरे देश को अपने साथ लेकर लड़ते हैं। इसमें आपको पूरे देश के खिलाफ लड़ना है और वह भी अपने देश के खिलाफ। लेकिन यह स्वराज से अधिक महत्वपूर्ण है। स्वराज का कोई मतलब नहीं है, अगर आप उसकी रक्षा नहीं कर सकते। स्वराज की रक्षा करने के सवाल से भी अधिक महत्वपूर्ण है स्वराज के तहत हिंदुओं की रक्षा करना। मेरी राय में, जब हिंदू समाज जातिविहीन समाज बन जाएगा, तभी वह अपनी रक्षा करने के लिए पर्याप्त शक्ति प्राप्त कर सकेगा। ऐसी आंतरिक शक्ति के बिना, हिंदुओं के लिए स्वराज गुलामी की ओर एक कदम मात्र साबित हो सकता है। अलविदा और आपकी सफलता के लिए शुभकामनाएँ।

राजाग्रह,

दादर, बॉम्बे–14

परिशिष्ट – 1

जाति का औचित्य

महात्मा गांधी द्वारा

(हरिजन में उनके लेखों का पुनर्मुद्रण)

डॉ. अंबेडकर का अभियोग

I

पाठकों को यह तथ्य याद होगा कि डॉ. अंबेडकर को पिछले मई में लाहौर के जात–पात–तोड़क मंडल के वार्षिक सम्मेलन की अध्यक्षता करनी थी। लेकिन सम्मेलन को ही रद्द कर दिया गया क्योंकि डॉ. अंबेडकर के भाषण को स्वागत समिति ने अस्वीकार्य पाया। एक स्वागत समिति द्वारा अपने चुने हुए अध्यक्ष को उसके भाषण के कारण अस्वीकार करना कितना उचित है, यह प्रश्नगत है। समिति डॉ. अंबेडकर के जाति और हिंदू धर्मग्रंथों के बारे में विचारों को जानती थी। वे यह भी जानते थे कि उन्होंने स्पष्ट शब्दों में हिंदू धर्म को त्यागने का निर्णय लिया था। डॉ. अंबेडकर द्वारा तैयार किए गए भाषण से कम की उनसे अपेक्षा नहीं की जा सकती थी। ऐसा प्रतीत होता है कि समिति ने जनता को एक ऐसे व्यक्ति के मूल विचारों को सुनने के अवसर से वंचित कर दिया, जिसने समाज में अपने लिए एक अद्वितीय स्थान बनाया है। भविष्य में वे चाहे जो भी लेबल पहनें, डॉ. अंबेडकर ऐसे व्यक्ति नहीं हैं जो खुद को भुलाए जाने देंगे।

डॉ. अंबेडकर स्वागत समिति से हारने वाले नहीं थे। उन्होंने अपने खर्च पर भाषण प्रकाशित करके उनके द्वारा उन्हें अस्वीकार किए जाने का जवाब दिया है। उन्होंने इसकी कीमत 8 आना रखी है, मैं सुझाव दूँगा कि इसे घटाकर 2 आना या कम से कम 4 आना किया जाए।

कोई भी सुधारक भाषण को नजरअंदाज नहीं कर सकता। इसे पढ़कर रूढ़िवादी लोगों को फायदा होगा। इसका मतलब यह नहीं है कि भाषण पर आपत्ति नहीं की जा सकती। इसे सिर्फ इसलिए पढ़ा जाना चाहिए क्योंकि इस पर गंभीर आपत्ति की जा सकती है। डॉ. अंबेडकर हिंदू धर्म के लिए एक चुनौती हैं। एक हिंदू के रूप में पले–बढ़े, एक हिंदू शासक द्वारा शिक्षित, वे तथाकथित सवर्ण हिन्दुओं से इस कदर घृणा करने लगे हैं कि उनके द्वारा उनके और उनके लोगों के साथ जो व्यवहार किया गया है, उससे वे इतने निराश हो गए हैं कि वे न केवल उन्हें बल्कि उस धर्म को भी छोड़ने का प्रस्ताव रखते हैं जो उनका और उनकी साझी विरासत है। उन्होंने उस धर्म के अनुयायियों के एक हिस्से के प्रति अपनी घृणा उस धर्म में स्थानांतरित कर दी है।

लेकिन इस पर आश्चर्य नहीं किया जाना चाहिए। आखिरकार, कोई भी व्यवस्था या संस्था का मूल्यांकन उसके प्रतिनिधियों के आचरण से ही कर सकता है। इससे भी बढ़कर, डॉ. अंबेडकर ने पाया कि सवर्ण हिन्दुओं के विशाल बहुमत ने न केवल अपने साथी धर्मावलंबियों के साथ अमानवीय व्यवहार किया था, जिन्हें वे अछूत मानते थे, बल्कि उन्होंने अपने आचरण को अपने धर्मग्रंथों के अधिकार पर आधारित किया था, और जब उन्होंने उनकी खोज शुरू की तो उन्हें अस्पृश्यता और उसके सभी निहितार्थों में उनके विश्वास के लिए पर्याप्त आधार मिले। अभिभाषण के लेखक ने अपने तीन–आयामी अभियोग के प्रमाण के रूप में अध्याय और श्लोक उद्धृत किए हैं–अमानवीय आचरण, अपराधियों की ओर से इसके लिए बेबाक औचित्य, और बाद में यह पता लगाना कि उनके धर्मग्रंथों द्वारा औचित्य की पुष्टि की गई थी।

कोई भी हिंदू जो अपने विश्वास को जीवन से भी अधिक महत्व देता है, वह इस अभियोग के महत्व को कम नहीं आंक सकता। डॉ.

अंबेडकर अपनी घृणा में अकेले नहीं हैं, वे इसके सबसे अडिग प्रवक्ता हैं और उनमें से सबसे योग्य हैं। वे निश्चित रूप से उनमें सबसे अधिक असंगत हैं। भगवान का शुक्र है कि नेताओं की अग्रिम पंक्ति में वे अकेले हैं और अभी तक बहुत ही कम अल्पसंख्यक वर्ग के प्रतिनिधि हैं। लेकिन वे जो कहते हैं, उसे दलित वर्गों के कई नेता कमोबेश उग्रता के साथ व्यक्त करते हैं। केवल बाद वाले, उदाहरण के लिए राव बहादुर एम. सी. राजा और दीवान बहादुर श्रीनिवासन, न केवल हिंदू धर्म छोड़ने की धमकी देते हैं, बल्कि इसमें इतनी गर्मजोशी भी पाते हैं कि वे हरिजनों के विशाल समूह पर हो रहे शर्मनाक उत्पीड़न की भरपाई कर सकें।

लेकिन कई नेताओं का हिंदू धर्म में बने रहना डॉ. अंबेडकर की बातों की अनदेखी करने का कोई आधार नहीं है। सवर्णों को अपनी आस्था और आचरण को सुधारना होगा। सबसे बढ़कर, सवर्णों में से जो लोग अपनी शिक्षा और प्रभाव के कारण धर्मग्रंथों की प्रामाणिक व्याख्या करते हैं, उन्हें करना होगा। डॉ. अंबेडकर के अभियोग में ये सवाल उठते हैंरू

1. धर्मग्रंथ क्या हैं?
2. क्या सभी मुद्रित ग्रंथों को उनका अभिन्न अंग माना जाना चाहिए या उनके किसी भी हिस्से को अनधिकृत क्षेपण मानकर खारिज कर दिया जाना चाहिए?
3. अस्पृश्यता, जाति, समान स्थिति, अंतर्जातीय भोजन और अंतर्जातीय विवाह के प्रश्न पर ऐसे स्वीकृत और संशोधित शास्त्रों का क्या उत्तर है?

(इन सभी की जाँच डॉ. अंबेडकर ने अपने संबोधन में की है।)

मुझे इन प्रश्नों के अपने उत्तर और डॉ. अंबेडकर की थीसिस में (कम से कम कुछ) स्पष्ट दोषों का विवरण अगले अंक के लिए सुरक्षित रखना चाहिए।

(*हरिजन,* 11 जुलाई, 1936)

II

वेद, *उपनिषद, स्मृति* और *रामायण* और महाभारत सहित पुराण हिंदू धर्मग्रंथ हैं। न ही यह एक सीमित सूची है। हर युग या यहां तक कि पीढ़ी ने इस सूची में कुछ जोड़ा है। इसलिए, यह निष्कर्ष निकलता है कि मुद्रित या यहां तक कि हस्तलिखित पाई जाने वाली हर चीज धर्मग्रंथ नहीं है। उदाहरण के लिए स्मृतियों में बहुत कुछ ऐसा है जिसे कभी भी ईश्वर के वचन के रूप में स्वीकार नहीं किया जा सकता है। इस प्रकार, डॉ. अंबेडकर ने स्मृतियों से जिन ग्रंथों को उद्धृत किया है, उनमें से कई को प्रामाणिक नहीं माना जा सकता है। शास्त्रों को सही रूप से शाश्वत विविधताओं से ही संबंधित माना जा सकता है और उन्हें किसी भी विवेक अर्थात किसी भी हृदय को आकर्षित करना चाहिए जिसकी समझ की आंखें खुली हों। किसी भी ऐसी चीज को ईश्वर के वचन के रूप में स्वीकार नहीं किया जा सकता जिसे तर्क द्वारा परखा न जा सके या जिसे आध्यात्मिक रूप से अनुभव न किया जा सके। और यहां तक कि जब आपके पास शास्त्रों का संशोधित संस्करण भी हो, तो आपको उनकी व्याख्या की आवश्यकता होगी। सबसे अच्छा व्याख्याकार कौन है? निश्चित रूप से विद्वान व्यक्ति नहीं। वहां शिक्षा अवश्य होनी चाहिए। लेकिन धर्म उससे जीवित नहीं रहता। यह अपने संतों और द्रष्टाओं के अनुभवों, उनके जीवन और कथनों में जीवित रहता है। जब शास्त्रों के सभी सबसे विद्वान भाष्यकार पूरी तरह से भूल जाएँगे, तब ऋषियों और संतों का संचित अनुभव बना रहेगा और आने वाले युगों के लिए प्रेरणा बनेगा।

जाति का धर्म से कोई लेना–देना नहीं है। यह एक प्रथा है जिसका मूल मुझे नहीं पता और मेरी आध्यात्मिक भूख की संतुष्टि के लिए मुझे जानने की आवश्यकता भी नहीं है। लेकिन मैं जानता हूँ कि यह आध्यात्मिक और राष्ट्रीय विकास दोनों के लिए हानिकारक है। वर्ण और आश्रम ऐसी संस्थाएं हैं जिनका जातियों से कोई लेना–देना नहीं है। वर्ण व्यवस्था हमें सिखाती है कि हममें से हर एक को अपने पूर्वजों के कामों को करके अपनी आजीविका अर्जित करनी है। यह हमारे

अधिकारों को परिभाषित नहीं करता बल्कि हमारे कर्तव्यों को परिभाषित करता है। यह अनिवार्य रूप से उन कामों का संदर्भ देता है जो मानवता के कल्याण के लिए अनुकूल हैं और किसी अन्य के लिए नहीं। यह भी निष्कर्ष निकालता है कि कोई भी काम बहुत कम नहीं है और कोई भी बहुत अधिक नहीं है। सभी अच्छे, वैध और पूरी तरह से समान दर्जे के हैं। एक ब्राह्मण–आध्यात्मिक शिक्षक–और एक सफाईकर्मी का पेशा समान है, और उनके उचित प्रदर्शन से भगवान के सामने समान पुण्य मिलता है और एक समय में मनुष्य के सामने भी समान पुरस्कार मिलता था। दोनों को अपनी आजीविका का अधिकार था और इससे अधिक कुछ नहीं। वास्तव में, आज भी गाँवों में कानून के इस स्वस्थ संचालन की धुंधली रेखाएं देखी जा सकती हैं। 600 की आबादी वाले सेगाँव में रहते हुए, मुझे ब्राह्मणों सहित विभिन्न व्यापारियों की आय में बहुत अधिक असमानता नहीं दिखती। मुझे यह भी लगता है कि इन पतित दिनों में भी असली ब्राह्मण पाए जाते हैं जो उन्हें दी जाने वाली मुफ्त भिक्षा पर जी रहे हैं और जो उनके पास आध्यात्मिक खजाने में से है, उसे मुफ्त में दे रहे हैं। वर्ण के कानून को उन लोगों के जीवन में उसके व्यंग्य से आंकना गलत और अनुचित होगा जो खुद को एक वर्ण से संबंधित बताते हैं, जबकि वे खुले तौर पर इसके एकमात्र प्रभावी नियम का उल्लंघन करते हैं। एक वर्ण द्वारा दूसरे वर्ण से श्रेष्ठ दर्जा प्राप्त करना कानून का खंडन है। और वर्ण व्यवस्था में ऐसा कुछ भी नहीं है जो अस्पृश्यता में विश्वास को उचित ठहराए। (हिंदू धर्म का सार सत्य के रूप में एक और एकमात्र ईश्वर की घोषणा और मानव परिवार के कानून के रूप में अहिंसा की इसकी साहसिक स्वीकृति में निहित है।)

मुझे पता है कि हिंदू धर्म की मेरी व्याख्या पर डॉ. अंबेडकर के अलावा कई लोग विवाद करेंगे। इससे मेरी स्थिति प्रभावित नहीं होती। यह एक ऐसी व्याख्या है जिसके अनुसार मैं लगभग आधी सदी से रह रहा हूँ और जिसके अनुसार मैंने अपने जीवन को विनियमित करने की अपनी पूरी क्षमता से कोशिश की है।

मेरी राय में डॉ. अंबेडकर ने अपने संबोधन में जो बड़ी गलती की है, वह यह है कि उन्होंने संदिग्ध प्रामाणिकता और मूल्य के ग्रंथों और पतित हिंदुओं की स्थिति को चुना है जो उस विश्वास के उपयुक्त नमूने नहीं हैं जिसे वे इतनी बुरी तरह से गलत तरीके से प्रस्तुत करते हैं। डॉ. अंबेडकर द्वारा लागू किए गए मानक के अनुसार, हर ज्ञात जीवित धर्म शायद विफल हो जाएगा।

अपने सक्षम संबोधन में, विद्वान डॉक्टर ने अपने मामले को अधिक साबित कर दिया है। क्या चौतन्य, ज्ञानदेव, तुकाराम, तिरुवल्लुवर, रामकृष्ण परमहंस, राजा राम मोहन राय, महर्षि देवेन्द्रनाथ टैगोर, विवेकानंद और अन्य कई लोगों द्वारा प्रतिपादित धर्म, जिनका उल्लेख आसानी से किया जा सकता है, इतना गुणहीन हो सकता है जैसा कि डॉ. अंबेडकर के भाषण में बताया गया है? किसी धर्म का मूल्यांकन उसके सबसे बुरे नमूनों से नहीं बल्कि उसके द्वारा प्रस्तुत सर्वोत्तम नमूनों से किया जाना चाहिए। क्योंकि केवल उसी को ही आकांक्षा के मानक के रूप में इस्तेमाल किया जा सकता है, भले ही उसमें सुधार न किया जा सके।

(हरिजन, 18 जुलाई, 1936)

III

वर्ण बनाम जाति

लाहौर के जात–पात–तोड़क मंडल के श्री संत रामजी चाहते हैं कि मैं निम्नलिखित प्रकाशित करूँ:

"मैंने डॉ. अंबेडकर और लाहौर के जात–पात–तोड़क मंडल के बारे में आपकी टिप्पणियाँ पढ़ी हैं। उस संबंध में मैं निम्नलिखित प्रस्तुत करना चाहता हूँ:

"हमने डॉ. अंबेडकर को हमारे सम्मेलन की अध्यक्षता करने के लिए इसलिए आमंत्रित नहीं किया क्योंकि वे दलित वर्ग से थे, क्योंकि हम एक स्पृश्य और अस्पृश्य हिंदू के बीच भेद नहीं करते। इसके विपरीत

हमने उन्हें इसलिए चुना क्योंकि हिंदू समुदाय की घातक बीमारी का उनका निदान हमारे जैसा ही था, यानी उनका भी यह मत था कि जाति व्यवस्था हिंदुओं के विघटन और पतन का मूल कारण है। डॉक्टरेट के लिए डॉक्टर की थीसिस का विषय जाति व्यवस्था था, उन्होंने इस विषय का गहन अध्ययन किया है। अब हमारे सम्मेलन का उद्देश्य हिंदुओं को जातियों के उन्मूलन के लिए प्रेरित करना था, लेकिन सामाजिक और धार्मिक मामलों में एक गैर–हिंदू की सलाह का उन पर कोई प्रभाव नहीं हो सकता। डॉक्टर ने अपने संबोधन के पूरक भाग में यह कहने पर जोर दिया कि एक हिंदू के रूप में यह उनका अंतिम भाषण था, जो सम्मेलन के हितों के लिए अप्रासंगिक और हानिकारक था। इसलिए हमने उनसे उस वाक्य को हटाने का अनुरोध किया क्योंकि वे किसी अन्य अवसर पर भी यही बात आसानी से कह सकते थे। लेकिन उन्होंने इनकार कर दिया और हमने इसे केवल अपने कार्य का प्रदर्शन बनाने में कोई उपयोगिता नहीं देखी। इन सबके बावजूद, मैं उनके भाषण की प्रशंसा किए बिना नहीं रह सकता जो, जहाँ तक मैं जानता हूँ, इस विषय पर सबसे विद्वत्तापूर्ण शोध प्रबंध है और भारत की हर स्थानीय भाषा में अनुवाद करने योग्य है।

इसके अलावा, मैं आपके ध्यान में यह लाना चाहता हूँ कि जाति और वर्ण के बीच आपका दार्शनिक अंतर इतना सूक्ष्म है कि आम लोगों की समझ में नहीं आता, क्योंकि हिंदू समाज में सभी व्यावहारिक उद्देश्यों के लिए जाति और वर्ण एक ही चीज हैं, क्योंकि दोनों का कार्य एक ही है यानी अंतरजातीय विवाह और अंतर्जातीय भोजन को प्रतिबंधित करना। वर्णव्यवस्था का आपका सिद्धांत इस युग में अव्यावहारिक है और निकट भविष्य में इसके पुनरुद्धार की कोई उम्मीद नहीं है। लेकिन हिंदू जाति के गुलाम हैं और इसे नष्ट नहीं करना चाहते हैं। इसलिए जब आप अपने काल्पनिक वर्णव्यवस्था के आदर्श की वकालत करते हैं तो वे जाति से चिपके रहने का औचित्य पाते हैं। इस प्रकार आप वर्णों के विभाजन की अपनी काल्पनिक उपयोगिता की वकालत करके सामाजिक सुधार के लिए बहुत बड़ा नुकसान कर रहे हैं, क्योंकि यह

हमारे रास्ते में बाधा उत्पन्न करता है। वर्णव्यवस्था की जड़ पर प्रहार किए बिना अस्पृश्यता को दूर करने का प्रयास करना केवल एक बीमारी के बाहरी लक्षणों का इलाज करना या पानी की सतह पर एक रेखा खींचना। चूँकि द्विज अपने दिल में तथाकथित स्पृश्य और अस्पृश्य शूद्रों को सामाजिक समानता नहीं देना चाहते, इसलिए वे जाति तोड़ने से इनकार करते हैं, और अस्पृश्यता को दूर करने के लिए उदारतापूर्वक दान देते हैं, बस इस मुद्दे से बचने के लिए। अस्पृश्यता और जाति–पाँति को दूर करने के लिए शास्त्रों की सहायता लेना, कीचड़ से कीचड़ धोना है।

पत्र का अंतिम पैराग्राफ निश्चित रूप से पहले पैराग्राफ को निरस्त कर देता है। यदि मंडल शास्त्रों की सहायता को अस्वीकार करता है, तो वे ठीक वही करते हैं जो डॉ. अंबेडकर करते हैं, अर्थात हिंदू नहीं रहते। फिर वे डॉ. अंबेडकर के भाषण पर केवल इसलिए आपत्ति कैसे कर सकते हैं क्योंकि उन्होंने कहा था कि हिंदू के रूप में यह उनका अंतिम भाषण था? यह स्थिति पूरी तरह से अस्वीकार्य प्रतीत होती है, खासकर तब जब मंडल, जिसके लिए श्री संत राम बोलने का दावा करते हैं, डॉ. अंबेडकर के भाषण के पूरे तर्क की सराहना करता है।

लेकिन यह पूछना उचित है कि यदि मंडल शास्त्रों को अस्वीकार करता है, तो वह क्या मानता है। यदि कोई मुसलमान कुरान को अस्वीकार करता है, तो वह ईसाई कैसे रह सकता है, या यदि कोई ईसाई बाइबिल को अस्वीकार करता है, तो वह ईसाई कैसे रह सकता है? यदि जाति और वर्ण परिवर्तनीय शब्द हैं और यदि वर्ण शास्त्रों का अभिन्न अंग है, जो हिंदू धर्म को परिभाषित करते हैं, तो मैं नहीं जानता कि जाति अर्थात वर्ण को अस्वीकार करने वाला व्यक्ति स्वयं को हिंदू कैसे कह सकता है।

श्री संत राम शास्त्रों की तुलना मिट्टी से करते हैं। जहाँ तक मुझे याद है, डॉ. अंबेडकर ने शास्त्रों को ऐसा कोई सुंदर नाम नहीं दिया है। जब मैंने कहा कि अगर शास्त्र मौजूदा अस्पृश्यता का समर्थन करते हैं तो मेरा निश्चित रूप से यही मतलब था कि मुझे खुद को हिंदू कहना

बंद कर देना चाहिए। इसी तरह, अगर शास्त्र जाति का समर्थन करते हैं, जैसा कि हम आज अपनी पूरी घिनौनी प्रकृति में जानते हैं, तो मैं खुद को हिंदू नहीं कह सकता या हिंदू नहीं रह सकता क्योंकि मुझे अंतर्जातीय भोजन या अंतर्जातीय विवाह के बारे में कोई संकोच नहीं है। मुझे शास्त्रों और उनकी व्याख्या के बारे में अपनी स्थिति को दोहराने की आवश्यकता नहीं है। मैं श्री संत राम को यह सुझाव देने का साहस करता हूँ कि यह एकमात्र तर्कसंगत और सही और नैतिक रूप से बचाव योग्य स्थिति है और हिंदू परंपरा में इसका पर्याप्त औचित्य है।

(हरिजन, 15 अगस्त, 1936)

परिशिष्ट – 2

महात्मा को उत्तर

डॉ. बी.आर. अंबेडकर द्वारा

I

जाति–पाति–तोड़क मंडल के लिए मेरे द्वारा तैयार किए गए जाति–पाति पर भाषण पर महात्मा ने अपने हरिजन में ध्यान देकर मुझे जो सम्मान दिया है, उसके लिए मैं बहुत आभारी हूँ। मेरे भाषण की उनकी समीक्षा के अवलोकन से यह स्पष्ट है कि महात्मा जाति के विषय पर मेरे द्वारा व्यक्त किए गए विचारों से पूरी तरह असहमत हैं। मैं अपने विरोधियों के साथ विवाद में पड़ने की आदत में नहीं हूँ, जब तक कि कोई विशेष कारण न हो जो मुझे अन्यथा कार्य करने के लिए बाध्य करे। यदि मेरा प्रतिद्वंद्वी कोई नीच और अस्पष्ट व्यक्ति होता तो मैं उसका पीछा नहीं करता। लेकिन मेरा प्रतिद्वंद्वी स्वयं महात्मा है, इसलिए मुझे लगता है कि मुझे उनके द्वारा प्रस्तुत किए गए विपरीत मामले का सामना करने का प्रयास करना चाहिए। मैं उनके द्वारा मुझे दिए गए सम्मान की सराहना करता हूँ, लेकिन मुझे यह जानकर आश्चर्य हुआ कि महात्मा ने सभी लोगों में से मुझ पर प्रचार पाने की इच्छा का आरोप लगाया है, जैसा कि वे तब करते हैं जब वे सुझाव देते हैं कि अप्रकाशित भाषण को प्रकाशित करने में मेरा उद्देश्य यह सुनिश्चित करना था कि मुझे "भुलाया" न जाए। महात्मा जो भी कहें, भाषण को प्रकाशित करने में मेरा उद्देश्य हिंदुओं को सोचने और अपनी

स्थिति का जायजा लेने के लिए प्रेरित करना था। मुझे कभी भी प्रचार की लालसा नहीं रही और अगर मैं ऐसा कह सकता हूँ, तो मुझे जितना चाहिए या जिसकी मुझे जरूरत है, उससे कहीं ज्यादा प्रचार मिला है। लेकिन मान लीजिए कि मैंने प्रचार पाने के उद्देश्य से भाषण छापा था, तो कौन मुझ पर पत्थर फेंक सकता है? निश्चित रूप से वे लोग नहीं, जो महात्मा की तरह शीशे के घरों में रहते हैं।

II

उद्देश्य के अलावा, महात्मा ने भाषण में मेरे द्वारा उठाए गए प्रश्न पर क्या कहा? सबसे पहले, जो कोई भी मेरा भाषण पढ़ेगा, उसे एहसास होगा कि महात्मा ने मेरे द्वारा उठाए गए मुद्दों को पूरी तरह से अनदेखा कर दिया है और जो मुद्दे उन्होंने उठाए हैं, वे वे मुद्दे नहीं हैं जो हिंदुओं पर मेरे अभियोग से उत्पन्न होते हैं। मैंने अपने भाषण में जिन मुख्य बिंदुओं को समझाने की कोशिश की है, उन्हें इस प्रकार सूचीबद्ध किया जा सकता हैः (1) कि जाति ने हिंदुओं को बर्बाद कर दिया हैय (2) कि चातुर्वर्ण्य के आधार पर हिंदू समाज का पुनर्गठन असंभव है क्योंकि वर्णव्यवस्था टपकते बर्तन या नाक से बहते आदमी की तरह है। यह अपने गुणों के आधार पर खुद को बनाए रखने में असमर्थ है और इसमें जाति व्यवस्था में पतित होने की अंतर्निहित प्रवृत्ति है जब तक कि इसके पीछे कोई कानूनी मंजूरी न हो जिसे अपने वर्ण का उल्लंघन करने वाले प्रत्येक व्यक्ति के खिलाफ लागू किया जा सकेय (3) कि चातुर्वर्ण्य के आधार पर हिंदू समाज का पुनर्गठन हानिकारक है, क्योंकि वर्णव्यवस्था का प्रभाव जनसाधारण को ज्ञान प्राप्त करने के अवसर से वंचित करके उनका अपमान करना और उन्हें हथियार रखने के अधिकार से वंचित करके उन्हें शक्तिहीन बनाना है। (4) कि हिंदू समाज को धार्मिक आधार पर पुनर्गठित किया जाना चाहिए जो स्वतंत्रता, समानता और बंधुत्व के सिद्धांतों को मान्यता देगाय (5) कि इस उद्देश्य को प्राप्त करने के लिए जाति और वर्ण के पीछे धार्मिक पवित्रता की भावना को नष्ट करना होगाय (6) कि जाति और वर्ण की पवित्रता केवल शास्त्रों के दिव्य अधिकार को त्यागने से ही नष्ट हो सकती है।

यह ध्यान देने योग्य है कि महात्मा द्वारा उठाए गए प्रश्न बिल्कुल विषय से हटकर हैं और दिखाते हैं कि भाषण का मुख्य तर्क उन पर खो गया था।

III

मुझे महात्मा द्वारा उठाए गए बिंदुओं के सार की जाँच करनी चाहिए। महात्मा द्वारा उठाया गया पहला बिंदु यह है कि मेरे द्वारा उद्धृत ग्रंथ प्रामाणिक नहीं हैं। मैं स्वीकार करता हूँ कि मैं इस मामले पर कोई अधिकार नहीं रखता। लेकिन मैं यह बताना चाहूँगा कि मेरे द्वारा उद्धृत सभी ग्रंथ स्वर्गीय श्री तिलक के लेखन से लिए गए हैं जो संस्कृत भाषा और हिंदू शास्त्रों के एक मान्यता प्राप्त विशेषज्ञ थे। उनका दूसरा बिंदु यह है कि इन शास्त्रों की व्याख्या विद्वानों द्वारा नहीं बल्कि संतों द्वारा की जानी चाहिए और जैसा कि संतों ने उन्हें समझा है, शास्त्र जाति और अस्पृश्यता का समर्थन नहीं करते हैं। जहाँ तक पहले बिन्दु का प्रश्न है, मैं महात्मा से यह पूछना चाहता हूँ कि यदि ये ग्रन्थ केवल क्षेपक हैं और संतों ने उनकी अलग–अलग व्याख्या की है, तो इससे किसी को क्या लाभ होगा? जनता उन पाठों के बीच कोई अंतर नहीं करती जो वास्तविक हैं और ऐसे पाठ जो प्रक्षेप हैं। जनता नहीं जानती कि पाठ क्या हैं। वे इतने अशिक्षित हैं कि शास्त्रों की विषय–वस्तु को नहीं जान सकते। उन्होंने विश्वास किया है कि उन्हें जो बताया गया है और जो उन्हें बताया गया है वह यह है कि शास्त्र जाति और अस्पृश्यता का पालन एक धार्मिक कर्तव्य के रूप में करते हैं।

संतों के संबंध में, किसी को यह स्वीकार करना होगा कि उनकी शिक्षाएँ मात्र ज्ञानियों की शिक्षाओं की तुलना में चाहे कितनी भी भिन्न और उन्नत क्यों न रही हों, वे अफसोसजनक रूप से अप्रभावी रही हैं। वे दो कारणों से अप्रभावी रहे हैं। सबसे पहले, किसी भी संत ने कभी भी जाति व्यवस्था पर हमला नहीं किया। इसके विपरीत, वे जाति व्यवस्था में कट्टर विश्वास रखते थे। उनमें से अधिकांश उसी जाति के सदस्य के रूप में जिए और मरे, जिससे वे संबंधित थे। ज्ञानदेव एक

ब्राह्मण के रूप में अपनी स्थिति से इतने अधिक जुड़े हुए थे कि जब पैठण के ब्राह्मणों ने उन्हें अपने साथ शामिल नहीं किया तो उन्होंने ब्राह्मण बिरादरी द्वारा मान्यता प्राप्त ब्राह्मण के रूप में अपनी स्थिति प्राप्त करने के लिए जमीन–आसमान एक कर दिया। और यहां तक कि संत एकनाथ, जो अब अछूतों को छूने और उनके साथ भोजन करने का साहस दिखाने के लिए फिल्म "धर्मात्मा" में नायक के रूप में दिखाई देते हैं, ने ऐसा इसलिए नहीं किया क्योंकि वह जाति और अस्पृश्यता के विरोधी थे, बल्कि इसलिए क्योंकि उन्हें लगा कि इससे प्रदूषण फैलता है। गंगा नदी के पवित्र जल में स्नान से धोया जा सकता है।* मेरे अध्ययन के अनुसार संतों ने कभी भी जाति और अस्पृश्यता के विरुद्ध कोई अभियान नहीं चलाया। उन्हें मनुष्य–मनुष्य के संघर्ष से कोई सरोकार नहीं था। वे मनुष्य और ईश्वर के बीच संबंध को लेकर चिंतित थे। उन्होंने यह उपदेश नहीं दिया कि सभी मनुष्य समान हैं। उन्होंने उपदेश दिया कि ईश्वर की दृष्टि में सभी मनुष्य समान हैं, यह एक बहुत ही अलग और बहुत ही अहानिकर प्रस्ताव है जिसका प्रचार करना किसी के लिए भी मुश्किल या विश्वास करना खतरनाक नहीं हो सकता। संतों की शिक्षाएँ अप्रभावी साबित होने का दूसरा कारण यह था कि जनता सिखाया गया कि एक संत जाति तोड़ सकता है लेकिन आम आदमी को नहीं तोड़ना चाहिए। इसलिए कोई संत कभी अनुकरणीय उदाहरण नहीं बन सका। वह सदैव सम्मान पाने योग्य धर्मनिष्ठ व्यक्ति बने रहे। जनता जाति और अस्पृश्यता में दृढ़ विश्वास रखती है, यह दर्शाता है कि संतों के पवित्र जीवन और महान उपदेशों का उनके जीवन और आचरण पर शास्त्रों की शिक्षाओं के विपरीत कोई प्रभाव नहीं पड़ा है। इस प्रकार यह कोई सांत्वना की बात नहीं है कि ऐसे संत थे या कोई महात्मा थे जो शास्त्रों को उन कुछ विद्वानों या बहुत से अज्ञानी लोगों से अलग ढंग से समझते थे। यह तथ्य कि आम जनता शास्त्रों के बारे में अलग दृष्टिकोण रखती है, इस पर विचार किया

* अंत्यजाचा विटाळ ज्यासी। गंगास्नाने शुद्धत्व त्यासी ।।

एकनाथी भागवत, अ. २८. ओ.१६१.

जाना चाहिए और किया जाना चाहिए। शास्त्रों के अधिकार की निंदा करने के अलावा इस पर कैसे निपटा जाए, जो उनके आचरण को नियंत्रित करते हैं, यह एक ऐसा प्रश्न है जिस पर महात्मा ने विचार नहीं किया है। लेकिन महात्मा ने आम जनता को शास्त्रों की शिक्षाओं से मुक्त करने के लिए जो भी योजना बनाई है, उसे स्वीकार करना चाहिए कि एक अच्छे व्यक्ति द्वारा जिया गया पवित्र जीवन उसके लिए बहुत उत्थानकारी हो सकता है, लेकिन भारत में, आम आदमी का संतों और महात्माओं के प्रति जो रवैया है – सम्मान करना लेकिन अनुसरण नहीं करना – उससे कोई खास फायदा नहीं उठा सकता।

IV

महात्मा द्वारा उठाया गया तीसरा बिन्दु यह है कि चौतन्य, ज्ञानदेव, तुकाराम, तिरुवल्लुवर, रामकृष्ण परमहंस आदि द्वारा प्रतिपादित धर्म गुणहीन नहीं हो सकता, जैसा कि मैंने कहा है और किसी धर्म का मूल्यांकन उसके सबसे बुरे नमूनों से नहीं, बल्कि उसके द्वारा उत्पन्न सर्वोत्तम नमूनों से किया जाना चाहिए। मैं इस कथन के प्रत्येक शब्द से सहमत हूँ। लेकिन मैं यह नहीं समझ पाया कि महात्मा इसके द्वारा क्या सिद्ध करना चाहते हैं। यह बात सत्य है कि धर्म का मूल्यांकन उसके सबसे बुरे नमूनों से नहीं, बल्कि उसके सर्वोत्तम नमूनों से किया जाना चाहिए, लेकिन क्या इससे मामले का निपटारा हो जाता है? मैं कहता हूँ कि ऐसा नहीं होता। प्रश्न अभी भी बना हुआ है–सबसे बुरे लोगों की संख्या इतनी अधिक क्यों है और सबसे अच्छे लोगों की संख्या इतनी कम क्यों है? मेरे विचार से इस प्रश्न के दो संभावित उत्तर हैंरू (1) यह कि सबसे बुरे लोग अपनी किसी मूल विकृतियों के कारण नैतिक रूप से अशिक्षित हैं और इसलिए वे धार्मिक आदर्श के प्रति दूर–दूर तक कोई दृष्टिकोण भी नहीं बना पाते हैं। या (2) यह कि धार्मिक आदर्श एक पूर्णतया गलत आदर्श है, जिसने अनेक लोगों के जीवन को गलत नैतिक मोड़ दिया है और यह कि श्रेष्ठ लोग गलत आदर्श के बावजूद श्रेष्ठ बन गए हैं – वास्तव में गलत मोड़ को सही दिशा में मोड़ देने के कारण। इन दो व्याख्याओं में से मैं पहली को स्वीकार करने के लिए

तैयार नहीं हूँ और मुझे यकीन है कि महात्मा भी इसके विपरीत पर जोर नहीं देंगे। मेरे विचार से दूसरी ही एकमात्र तर्कसंगत और उचित व्याख्या है, जब तक कि महात्मा के पास यह समझाने के लिए कोई तीसरा विकल्प न हो कि बुरे लोग इतने अधिक क्यों हैं और श्रेष्ठ लोग इतने कम क्यों हैं। यदि दूसरी ही एकमात्र व्याख्या है, तो स्पष्ट रूप से महात्मा का यह तर्क कि किसी धर्म का मूल्यांकन उसके श्रेष्ठ अनुयायियों द्वारा किया जाना चाहिए, हमें उन अनेक लोगों के भाग्य पर दया करने के अलावा और कुछ नहीं देता, जो गलत हो गए हैं, क्योंकि उन्हें गलत आदर्शों की पूजा करने के लिए मजबूर किया गया है।

V

महात्मा का यह तर्क कि हिंदू धर्म तभी सहनीय होगा जब बहुत से लोग संतों के उदाहरण का अनुसरण करेंगे, एक और कारण से भ्रामक है।* चौतन्य आदि जैसे महान व्यक्तियों के नाम का हवाला देकर महात्मा मुझे लगता है कि अपने व्यापक और सरलतम रूप में यह सुझाव दे रहे हैं कि हिंदू समाज को उसके ढांचे में किसी भी मौलिक परिवर्तन के बिना सहनीय और खुशहाल बनाया जा सकता है, अगर सभी उच्च जाति के हिंदुओं को निम्न जाति के हिंदुओं के साथ अपने व्यवहार में नैतिकता के उच्च मानक का पालन करने के लिए राजी किया जा सके। मैं इस तरह की विचारधारा का पूरी तरह से विरोध करता हूँ। मैं उन सवर्ण हिंदुओं का सम्मान कर सकता हूँ जो अपने जीवन में एक उच्च सामाजिक आदर्श को साकार करने का प्रयास करते हैं। ऐसे लोगों के बिना भारत रहने के लिए पहले से भी अधिक बदसूरत और कम खुशहाल जगह होगी। लेकिन फिर भी जो कोई भी सवर्ण हिंदुओं के सदस्यों को उनके व्यक्तिगत चरित्र में सुधार करके बेहतर इंसान बनाने के प्रयास पर भरोसा करता है, वह मेरी राय में अपनी ऊर्जा बर्बाद कर रहा है और एक भ्रम को गले लगा रहा है। क्या व्यक्तिगत चरित्र शस्त्र निर्माता को अच्छा आदमी बना सकता है, यानी

* इस संबंध में अप्रैल 1936 के आर्यन पथ में श्री एच.एन. ब्रेल्सफोर्ड द्वारा नैतिकता और सामाजिक संरचना पर प्रकाशित लेख देखें।

वह आदमी जो ऐसे गोले बेचेगा जो फटेंगे नहीं और ऐसी गैस बेचेगा जो जहर नहीं करेगी? अगर ऐसा नहीं हो सकता, तो आप व्यक्तिगत चरित्र को जाति की चेतना से भरे हुए आदमी को अच्छा आदमी कैसे बना सकते हैं, यानी वह आदमी जो अपने साथियों को अपना मित्र और बराबर का समझे? अपने प्रति सच्चा होने के लिए उसे अपने साथियों के साथ या तो श्रेष्ठ या निम्न के रूप में व्यवहार करना चाहिए, जैसा भी मामला होय कम से कम अपनी जाति के साथियों से अलग। उससे कभी भी अपने साथियों के साथ अपने सगे–संबंधी और बराबर का व्यवहार करने की उम्मीद नहीं की जा सकती। वास्तव में, एक हिंदू उन सभी लोगों के साथ ऐसा व्यवहार करता है जो उसकी जाति के नहीं हैं, जैसे कि वे विदेशी हैं, जिनके साथ बिना किसी दंड के भेदभाव किया जा सकता है और जिनके साथ बिना किसी शर्म के कोई धोखाधड़ी या छल किया जा सकता है। इसका मतलब यह है कि एक अच्छा या बुरा हिंदू हो सकता है। लेकिन एक अच्छा हिंदू नहीं हो सकता। ऐसा इसलिए नहीं है क्योंकि उसके व्यक्तिगत चरित्र में कोई दोष है। वास्तव में जो गलत है वह है उसके साथियों के साथ उसके रिश्ते का पूरा आधार। सबसे अच्छे लोग भी नैतिक नहीं हो सकते यदि उनके और उनके साथियों के बीच के रिश्ते का आधार मूल रूप से गलत रिश्ता है। एक गुलाम के लिए उसका मालिक बेहतर या बुरा हो सकता है। लेकिन कोई अच्छा मालिक नहीं हो सकता। एक अच्छा आदमी मालिक नहीं हो सकता और एक मालिक अच्छा आदमी नहीं हो सकता। यही बात उच्च जाति और निम्न जाति के बीच के रिश्ते पर भी लागू होती है। एक निम्न जाति के व्यक्ति के लिए एक उच्च जाति का व्यक्ति अन्य उच्च जाति के लोगों की तुलना में बेहतर या बुरा हो सकता है। पुरुष। उच्च जाति का व्यक्ति अच्छा व्यक्ति नहीं हो सकता, क्योंकि उसे उच्च जाति का व्यक्ति होने के लिए निम्न जाति का व्यक्ति चाहिए। निम्न जाति के व्यक्ति के लिए यह अच्छा नहीं हो सकता कि वह यह समझे कि उससे ऊपर कोई उच्च जाति का व्यक्ति है। मैंने अपने भाषण में तर्क दिया है कि वर्ण या जाति पर आधारित समाज एक

ऐसा समाज है जो गलत संबंधों पर आधारित है। मुझे उम्मीद थी कि महात्मा मेरे तर्क को ध्वस्त करने का प्रयास करेंगे। लेकिन ऐसा करने के बजाय उन्होंने केवल चातुर्वर्ण्य में अपने विश्वास को दोहराया है, बिना यह बताए कि यह किस आधार पर आधारित है।

VI

क्या महात्मा जो उपदेश देते हैं, उसका पालन करते हैं? कोई व्यक्ति ऐसे तर्क में व्यक्तिगत संदर्भ देना पसंद नहीं करता, जो अपने अनुप्रयोग में सामान्य हो। लेकिन जब कोई व्यक्ति किसी सिद्धांत का प्रचार करता है और उसे हठधर्मिता के रूप में मानता है, तो यह जानने की जिज्ञासा होती है कि वह जो उपदेश देता है, उसका कितना पालन करता है। हो सकता है कि उसका आचरण करने में विफल होना इस कारण हो कि आदर्श बहुत ऊँचा है, जिसे प्राप्त नहीं किया जा सकताय हो सकता है कि अभ्यास करने में उनकी विफलता व्यक्ति की जन्मजात पाखंडिता के कारण हो। किसी भी मामले में वह अपने आचरण को जाँच के दायरे में लाता है और अगर मैं पूछूं कि महात्मा ने अपने मामले में अपने आदर्श को साकार करने का कितना प्रयास किया है, तो मुझे दोषी नहीं ठहराया जाना चाहिए। महात्मा जन्म से बनिया हैं। उनके पूर्वजों ने मंत्री पद के पक्ष में व्यापार को छोड़ दिया था, जो ब्राह्मणों का पेशा है। अपने जीवन में, महात्मा बनने से पहले, जब उन्हें अपना पेशा चुनने का अवसर आया, तो उन्होंने तराजू की बजाय वकालत को प्राथमिकता दी। वकालत को छोड़ने पर वे आधे संत और आधे राजनेता बन गए। उन्होंने कभी व्यापार को नहीं छुआ, जो उनका पैतृक पेशा है। उनके सबसे छोटे बेटे—मैं एक को लेता हूँ जो अपने पिता का वफादार अनुयायी है—एक वैश्य ने एक ब्राह्मण की बेटी से शादी की है और एक अखबार के दिग्गज की सेवा करना चुना है। महात्मा ने अपने पैतृक पेशे का पालन न करने के लिए उनकी निंदा करने के लिए नहीं जाना है लेकिन निश्चय ही महात्मा के पास एक नमूना के रूप में इससे बेहतर कोई नहीं है और यदि वह आदर्श को साकार करने में भी असफल हो जाते हैं तो आदर्श एक असंभव आदर्श होना चाहिए जो

मनुष्य की व्यावहारिक प्रवृत्ति के बिल्कुल विपरीत हो। कार्लाइल के छात्र जानते हैं कि वह अक्सर किसी विषय पर सोचने से पहले ही बोल देते थे। मुझे आश्चर्य है कि जाति के विषय के संबंध में महात्मा के साथ भी ऐसा ही नहीं हुआ होगा। अन्यथा मेरे मन में आने वाले कुछ प्रश्न उनसे बच नहीं पाते। कब किसी व्यवसाय को पैतृक व्यवसाय माना जा सकता है ताकि वह किसी व्यक्ति के लिए बाध्यकारी हो जाए? क्या मनुष्य को अपने पैतृक व्यवसाय का पालन करना चाहिए, भले ही वह उसकी क्षमताओं के अनुकूल न हो, भले ही वह लाभदायक न रह गया हो? क्या किसी व्यक्ति को अपने पैतृक व्यवसाय के अनुसार जीना चाहिए, भले ही वह उसे अनैतिक लगे? यदि हर किसी को अपने पैतृक व्यवसाय का पालन करना ही है, तो इसका अर्थ यह है कि एक आदमी को दलाल बने रहना चाहिए क्योंकि उसका दादा दलाल था और एक महिला को वेश्या बने रहना चाहिए क्योंकि उसकी दादी वेश्या थी। क्या महात्मा अपने सिद्धांत के तार्किक निष्कर्ष को स्वीकार करने के लिए तैयार हैं? मेरे लिए अपने पैतृक व्यवसाय का पालन करने का उनका आदर्श न केवल एक असंभव और अव्यवहारिक आदर्श है, बल्कि यह नैतिक रूप से एक अप्रतिरोध्य आदर्श भी है।

VII

महात्मा एक ब्राह्मण के जीवन भर ब्राह्मण बने रहने में महान गुण देखते हैं। इस तथ्य को छोड़ दें तो ऐसे कई ब्राह्मण हैं जो जीवन भर ब्राह्मण बने रहना पसंद नहीं करते। हम उन ब्राह्मणों के बारे में क्या कह सकते हैं जो अपने पुरोहिताई के पैतृक व्यवसाय से चिपके हुए हैं? क्या वे पैतृक व्यवसाय के सिद्धांत के गुण में किसी विश्वास के कारण ऐसा करते हैं या वे गंदे धन के उद्देश्य से ऐसा करते हैं? महात्मा ऐसे प्रश्नों से खुद को चिंतित नहीं करते हैं। उन्हें संतुष्टि है कि ये ‘असली ब्राह्मण हैं जो उन्हें दी गई दान–दक्षिणा पर जी रहे हैं और जो कुछ उनके पास है उसे मुफ्त में दे रहे हैं’। महात्मा को एक वंशानुगत ब्राह्मण पुजारी इस तरह दिखाई देता है– आध्यात्मिक खजाने का वाहक। लेकिन वंशानुगत ब्राह्मण का एक और चित्र भी खींचा जा

सकता है। एक ब्राह्मण प्रेम के देवता विष्णु का पुजारी हो सकता है। वह विनाश के देवता शंकर का पुजारी हो सकता है। वह बुद्ध गया में बुद्ध की पूजा करने वाला पुजारी हो सकता है– मानवता के सबसे महान शिक्षक जिन्होंने प्रेम का सबसे महान सिद्धांत सिखाया। वह काली, देवी का पुजारी भी हो सकता है, जिसे रक्त की प्यास बुझाने के लिए प्रतिदिन एक पशु की बलि देनी पड़ती हैय वह राम–क्षत्रिय भगवान के मंदिर का पुजारी होगा! वह परशुराम के मंदिर का भी पुजारी होगा, भगवान जिसने क्षत्रियों का नाश करने के लिए अवतार लिया था! वह दुनिया के निर्माता ब्रम्हा का पुजारी हो सकता है। वह एक पीर का पुजारी हो सकता है जिसका भगवान अल्लाह दुनिया पर अपने आध्यात्मिक प्रभुत्व को साझा करने के ब्रम्हा के दावे को बर्दाश्त नहीं करेगा! कोई भी यह नहीं कह सकता कि यह तस्वीर जीवन के प्रति सच्ची नहीं है। अगर यह तस्वीर सच्ची है तो कोई नहीं जानता कि देवी–देवताओं के प्रति वफादारी रखने की इस क्षमता के बारे में क्या कहा जाए, जिनके गुण इतने विरोधी हैं कि कोई भी ईमानदार व्यक्ति उन सभी का भक्त नहीं हो सकता। हिंदू इस असाधारण घटना को अपने धर्म के सबसे बड़े गुण के सबूत के रूप में मानते हैं–अर्थात इसकी उदारता, इसकी सहनशीलता की भावना। इस सरल दृष्टिकोण के विपरीत, यह तर्क दिया जा सकता है कि सहिष्णुता और उदारता वास्तव में उदासीनता या शिथिल उदारवाद से अधिक प्रशंसनीय नहीं हो सकती है। इन दो दृष्टिकोणों को उनके बाहरी रूप में पहचानना कठिन है। लेकिन वे अपने वास्तविक गुणों में इतने भिन्न हैं कि कोई भी व्यक्ति जो उन्हें बारीकी से जांचता है, वह एक को दूसरे के लिए गलत नहीं समझ सकता। यह कि कोई व्यक्ति कई देवी–देवताओं को श्रद्धांजलि देने के लिए तैयार है, उसकी सहनशील भावना का प्रमाण माना जा सकता है। लेकिन क्या यह समय की सेवा करने की इच्छा से पैदा हुई निष्ठाहीनता का प्रमाण नहीं हो सकता है? मुझे यकीन है कि यह सहिष्णुता केवल निष्ठाहीनता है। यदि यह दृष्टिकोण अच्छी तरह से स्थापित है, तो कोई पूछ सकता है कि एक व्यक्ति के पास क्या

आध्यात्मिक खजाना हो सकता है जो किसी भी देवता का पुजारी और भक्त बनने के लिए तैयार है, जिसकी पूजा और आराधना करना उसके उद्देश्य को पूरा करता है? न केवल ऐसे व्यक्ति को सभी आध्यात्मिक खजानों से दिवालिया माना जाना चाहिए, बल्कि उसके लिए पुजारी जैसे उच्च पेशे का अभ्यास करना केवल इसलिए कि यह पैतृक है, बिना विश्वास के, बिना विश्वास के, केवल पिता से बेटे को हस्तांतरित एक यांत्रिक प्रक्रिया है, सद्गुण का संरक्षण नहीं हैय यह वास्तव में एक महान पेशे का वेश्यावृत्ति है जो धर्म की सेवा के अलावा और कुछ नहीं है।

VIII

महात्मा हर किसी को अपने पैतृक व्यवसाय का पालन करने के सिद्धांत से क्यों चिपके रहते हैं? वह अपने कारण कहीं नहीं बताते। लेकिन कुछ कारण तो होना ही चाहिए, हालांकि वह इसे स्वीकार करने की परवाह नहीं करते। सालों पहले अपने यंग इंडिया में "जाति बनाम वर्ग" पर लिखते हुए उन्होंने तर्क दिया कि जाति व्यवस्था वर्ग व्यवस्था से बेहतर है, इस आधार पर कि जाति सामाजिक स्थिरता का सबसे अच्छा संभव समायोजन है। अगर यही कारण है कि महात्मा हर किसी को अपने पैतृक व्यवसाय का पालन करने के सिद्धांत से चिपके रहते हैं, तो वह सामाजिक जीवन के झूठे दृष्टिकोण से चिपके हुए हैं। हर कोई सामाजिक स्थिरता चाहता है और स्थिरता प्राप्त करने के लिए व्यक्तियों और वर्गों के बीच संबंधों में कुछ समायोजन किया जाना चाहिए। लेकिन दो चीजें, मुझे यकीन है कि कोई भी नहीं चाहता है। एक चीज जो कोई नहीं चाहता है वह है स्थिर संबंध, कुछ ऐसा जो अपरिवर्तनीय हो, कुछ ऐसा जो हर समय के लिए तय हो। स्थिरता चाहिए लेकिन बदलाव की कीमत पर नहीं जब बदलाव अनिवार्य हो। दूसरी चीज जो कोई नहीं चाहता है वह है केवल समायोजन। समायोजन चाहिए लेकिन सामाजिक न्याय की बलि पर नहीं। क्या यह कहा जा सकता है कि जाति के आधार पर सामाजिक संबंधों का समायोजन, यानी प्रत्येक व्यक्ति के अपने वंशानुगत व्यवसाय के आधार पर, इन दो

बुराइयों से बचा जा सकता है? मैं आश्वस्त हूँ कि ऐसा नहीं है। सबसे अच्छा संभव समायोजन होने से बहुत दूर, मुझे इसमें कोई संदेह नहीं है कि यह सबसे खराब संभव प्रकार का समायोजन है क्योंकि यह सामाजिक समायोजन के दोनों सिद्धांतों – अर्थात् तरलता और समानता– का उल्लंघन करता है।

IX

कुछ लोग सोच सकते हैं कि महात्मा ने बहुत प्रगति की है क्योंकि अब वे केवल वर्ण में विश्वास करते हैं और जाति में विश्वास नहीं करते। यह सच है कि एक समय था जब महात्मा पूर्ण रक्त वाले और कुलीन सनातनी हिंदू थे। वे वेदों, उपनिषदों, पुराणों और हिंदू धर्मग्रंथों के नाम से जाने जाने वाले सभी धर्मग्रंथों में विश्वास करते थे और इसलिए अवतारों और पुनर्जन्म में विश्वास करते थे। वे जाति में विश्वास करते थे और रूढ़िवादी लोगों की तरह इसका बचाव करते थे। उन्होंने आपस में खाने–पीने और आपस में शादी करने की निंदा की और तर्क दिया कि आपस में खाने–पीने के बारे में संयम ने काफी हद तक "इच्छा–शक्ति के विकास और कुछ सामाजिक गुणों के संरक्षण में मदद कीष। यह अच्छा है कि उन्होंने इस पाखंडी बकवास को खारिज कर दिया है और स्वीकार किया है कि जाति "आध्यात्मिक और राष्ट्रीय विकास दोनों के लिए हानिकारक है," और हो सकता है कि उनके बेटे की अपनी जाति से बाहर शादी ने उनके दृष्टिकोण में कुछ बदलाव किया हो। लेकिन क्या महात्मा ने वास्तव में प्रगति की है? महात्मा जिस वर्ण के लिए खड़े हैं, उसकी प्रकृति क्या है? क्या यह वैदिक अवधारणा है, जिसे स्वामी दयानंद सरस्वती और उनके अनुयायी आर्य समाजियों द्वारा आम तौर पर समझा और प्रचारित किया जाता है? वर्ण की वैदिक अवधारणा का सार एक ऐसे व्यवसाय की खोज है, जो व्यक्ति की स्वाभाविक योग्यता के अनुकूल हो। वर्ण की महात्मा की अवधारणा का सार प्राकृतिक योग्यता पर ध्यान दिए बिना पैतृक व्यवसाय की खोज है। महात्मा द्वारा समझी गई जाति और वर्ण में क्या अंतर है? मुझे कोई अंतर नहीं दिखता। महात्मा द्वारा परिभाषित, वर्ण केवल जाति का एक

अलग नाम बन जाता है, इस साधारण कारण से कि यह सार में एक ही है–अर्थात पैतृक व्यवसाय की खोज। प्रगति करने के बजाय महात्मा को प्रतिगमन का सामना करना पड़ा है। वर्ण की वैदिक अवधारणा पर यह व्याख्या डालकर उन्होंने वास्तव में उस उदात्त को हास्यास्पद बना दिया है। यद्यपि मैं भाषण में दिए गए कारणों से वैदिक वर्णव्यवस्था को अस्वीकार करता हूँ, फिर भी मुझे यह स्वीकार करना चाहिए कि स्वामी दयानंद और कुछ अन्य लोगों द्वारा व्याख्या की गई वैदिक वर्ण–व्यवस्था एक समझदारीपूर्ण और हानिरहित बात है। इसने समाज में व्यक्ति के स्थान को तय करने में जन्म को एक निर्णायक कारक के रूप में स्वीकार नहीं किया। इसने केवल मूल्य को मान्यता दी। वर्ण के बारे में महात्मा का दृष्टिकोण न केवल वैदिक वर्ण को बकवास बनाता है बल्कि इसे एक घृणित चीज बनाता है। वर्ण और जाति दो बहुत अलग अवधारणाएँ हैं। वर्ण प्रत्येक के अपने मूल्य के अनुसार सिद्धांत पर आधारित है – जबकि जाति प्रत्येक के जन्म के अनुसार सिद्धांत पर आधारित है। दोनों चाक और पनीर की तरह अलग हैं। वास्तव में दोनों के बीच एक विरोधाभास है। यदि महात्मा जैसा कि वे मानते हैं कि प्रत्येक व्यक्ति अपने पैतृक व्यवसाय का पालन करता है, तो निश्चित रूप से वे जाति व्यवस्था की वकालत कर रहे हैं और इसे वर्ण व्यवस्था कहने में वे न केवल शब्दावली की अशुद्धि के दोषी हैं, बल्कि वे और भी अधिक भ्रम पैदा कर रहे हैं। मुझे यकीन है कि उनका सारा भ्रम इस तथ्य के कारण है कि महात्मा को इस बारे में कोई निश्चित और स्पष्ट अवधारणा नहीं है कि वर्ण क्या है और जाति क्या है और हिंदू धर्म के संरक्षण के लिए दोनों की क्या आवश्यकता है। उन्होंने कहा है और उम्मीद है कि उन्हें अपना यह विचार बदलने के लिए कोई रहस्यवादी कारण नहीं मिलेगा कि जाति हिंदू धर्म का सार नहीं है। क्या वे वर्ण को हिंदू धर्म का सार मानते हैं? अभी तक कोई स्पष्ट उत्तर नहीं दिया जा सकता है। "डॉ. अंबेडकर के अभियोग" पर उनके लेख के पाठक "नहीं" का उत्तर देंगे। उस लेख में उन्होंने यह नहीं कहा है कि वर्ण की हठधर्मिता हिंदू धर्म के पंथ का एक अनिवार्य हिस्सा है। वर्ण को हिंदू

धर्म का सार बनाने से दूर वे कहते हैं कि "हिंदू धर्म का सार सत्य के रूप में एक और एकमात्र ईश्वर की घोषणा और मानव परिवार के नियम के रूप में अहिंसा की इसकी साहसिक स्वीकृति में निहित है।" लेकिन श्री संत राम के उत्तर में उनके लेख के पाठक "हाँ" कहेंगे। उस लेख में वे कहते हैं कि "यदि कोई मुसलमान कुरान को अस्वीकार करता है तो वह मुसलमान कैसे रह सकता है, या यदि कोई ईसाई बाइबिल को अस्वीकार करता है तो वह ईसाई कैसे रह सकता है? यदि जाति और वर्ण परिवर्तनीय शब्द हैं और यदि वर्ण हिंदू धर्म को परिभाषित करने वाले शास्त्रों का अभिन्न अंग है तो मैं नहीं जानता कि जाति, यानी वर्ण को अस्वीकार करने वाला व्यक्ति खुद को हिंदू कैसे कह सकता है?" यह झूठ क्यों? महात्मा क्यों टालमटोल करते हैं? वे किसे प्रसन्न करना चाहते हैं? क्या संत सत्य को समझने में विफल हो गए हैं? या राजनेता संत के रास्ते में खड़े हैं? महात्मा के इस भ्रम से पीड़ित होने का वास्तविक कारण संभवतः दो स्रोतों में पाया जा सकता है। पहला है महात्मा का स्वभाव। उनमें लगभग हर चीज में बच्चे की सरलता है और बच्चे की तरह आत्म–धोखे की क्षमता है। एक बच्चे की तरह वह जो चाहे उस पर विश्वास कर सकता है। इसलिए हमें उस समय तक प्रतीक्षा करनी चाहिए जब तक महात्मा को वर्ण में अपना विश्वास त्यागने में खुशी न हो, जैसे उन्हें जाति में अपना विश्वास त्यागने में खुशी हुई। भ्रम का दूसरा स्रोत वह दोहरी भूमिका है जो महात्मा निभाना चाहते हैं–एक महात्मा और एक राजनीतिज्ञ की। एक महात्मा के रूप में वह राजनीति को आध्यात्मिक बनाने की कोशिश कर रहे होंगे। चाहे वह इसमें सफल हुए हों या नहीं, राजनीति ने निश्चित रूप से उनका व्यवसायीकरण कर दिया है। एक राजनीतिज्ञ को पता होना चाहिए कि समाज पूरा सच सहन नहीं कर सकता और उसे पूरा सच नहीं बोलना चाहिएय अगर वह पूरा सच बोल रहा है तो यह उसकी राजनीति के लिए बुरा है। महात्मा हमेशा जाति और वर्ण का समर्थन इसलिए करते हैं क्योंकि उन्हें डर है कि अगर उन्होंने इनका विरोध किया तो वे राजनीति में अपना स्थान खो देंगे। इस भ्रम का स्रोत

चाहे जो भी हो, महात्मा को बताया जाना चाहिए कि वह वर्ण के नाम पर जाति का प्रचार करके खुद को और लोगों को भी धोखा दे रहे हैं।

X

महात्मा कहते हैं कि मैंने हिंदुओं और हिंदू धर्म को परखने के लिए जो मानक लागू किए हैं, वे बहुत कठोर हैं और उन मानकों के आधार पर हर ज्ञात जीवित धर्म शायद विफल हो जाएगा। यह शिकायत कि मेरे मानक ऊँचे हैं, सच हो सकती है। लेकिन सवाल यह नहीं है कि वे ऊँचे हैं या कम। सवाल यह है कि क्या वे लागू करने के लिए सही मानक हैं। लोगों और उनके धर्म का मूल्यांकन सामाजिक नैतिकता पर आधारित सामाजिक मानकों के आधार पर किया जाना चाहिए। यदि धर्म को लोगों की भलाई के लिए एक आवश्यक वस्तु माना जाता है, तो किसी अन्य मानक का कोई अर्थ नहीं होगा। अब मैं यह मानता हूँ कि मैंने हिंदुओं और हिंदू धर्म को परखने के लिए जो मानक लागू किए हैं, वे सबसे उपयुक्त मानक हैं और मुझे उनसे बेहतर कोई मानक नहीं पता। यह निष्कर्ष कि मेरे मानकों के आधार पर हर ज्ञात धर्म विफल हो जाएगा, सच हो सकता है। लेकिन इस तथ्य से हिंदुओं और हिंदू धर्म के चैंपियन के रूप में महात्मा को किसी भी तरह से सांत्वना नहीं मिलनी चाहिए, जैसे कि एक पागल व्यक्ति का अस्तित्व दूसरे पागल व्यक्ति को या एक अपराधी का अस्तित्व दूसरे अपराधी को सांत्वना नहीं दे सकता। मैं महात्मा को आश्वस्त करना चाहता हूँ कि यह केवल हिंदुओं और हिंदू धर्म की विफलता नहीं है जिसने मुझमें घृणा और अवमानना की भावनाएँ पैदा की हैं। मैं समझता हूँ कि दुनिया बहुत अपूर्ण दुनिया है और जो कोई भी इसमें रहना चाहता है उसे इसकी अपूर्णताओं को सहना होगा। लेकिन जब मैं उस समाज की अपूर्णताओं और कमियों को सहने के लिए तैयार हूँ जिसमें मुझे काम करना है, तो मुझे लगता है कि मुझे ऐसे समाज में रहने की सहमति नहीं देनी चाहिए जो गलत आदर्शों को पालता हो या जो सही आदर्श होने के बावजूद अपने सामाजिक जीवन को उन आदर्शों के अनुरूप लाने के लिए सहमत न हो। अगर मैं हिंदुओं और हिंदू धर्म से घृणा करता हूँ तो

इसका कारण यह है कि मुझे यकीन है कि वे गलत आदर्शों को पालते हैं और गलत सामाजिक जीवन जीते हैं। हिंदुओं और हिंदू धर्म से मेरा झगड़ा उनके सामाजिक आचरण की अपूर्णताओं पर नहीं है। यह बहुत अधिक मौलिक है। यह उनके आदर्शों पर है।

XI

मुझे लगता है कि हिंदू समाज को एक नैतिक पुनरुद्धार की आवश्यकता है जिसे स्थगित करना खतरनाक है। और सवाल यह है कि इस नैतिक पुनरुद्धार को कौन निर्धारित और नियंत्रित कर सकता है? जाहिर है, केवल वे ही लोग इस पद पर आसीन हो सकते हैं, जो बौद्धिक रूप से पुनर्जीवित हो चुके हैं और जो इतने ईमानदार हैं कि बौद्धिक मुक्ति से पैदा हुए अपने विश्वासों के लिए साहस रखते हैं। इस मानदंड से परखा जाए तो मेरी राय में हिंदू नेता इस कार्य के लिए पूरी तरह से अयोग्य हैं। यह कहना असंभव है कि उनमें प्रारंभिक बौद्धिक उत्थान हुआ है। यदि उनमें बौद्धिक उत्थान हुआ होता तो वे न तो अशिक्षित लोगों की सरल रीति से अपने आपको धोखा देते और न ही दूसरों की आदिम अज्ञानता का लाभ उठाते जैसा कि हम उन्हें करते हुए देखते हैं। हिंदू समाज की चरमराती स्थिति के बावजूद ये नेता, फिर भी अतीत के आदर्शों की ओर बेहिचक अपील करेंगे जिनका वर्तमान से कोई संबंध नहीं रह गया हैय जो अपने आरंभ के दिनों में भले ही उपयुक्त रहे हों, लेकिन अब मार्गदर्शक के बजाय चेतावनी बन गए हैं। उनमें अभी भी पुराने रूपों के प्रति रहस्यवादी आदर है जो उन्हें अपने समाज की नींव की किसी भी जाँच के प्रति अनिच्छुक बनाता है—बल्कि विरोध करता है। हिंदू जनसमूह अपने विश्वासों के निर्माण में अविश्वसनीय रूप से लापरवाह हैं। लेकिन हिंदू नेता भी ऐसे ही हैं। और इससे भी बुरी बात यह है कि जब कोई उनसे उनकी संगति छीनने का प्रस्ताव करता है तो ये हिंदू नेता अपने विश्वासों के प्रति अवैध जुनून से भर जाते हैं। महात्मा इसका अपवाद नहीं हैं। महात्मा विचार करने में विश्वास नहीं करते। वे संतों का अनुसरण करना पसंद करते हैं। पवित्र विचारों के प्रति श्रद्धा रखने वाले रूढ़िवादी व्यक्ति की

तरह उन्हें डर है कि अगर वे एक बार विचार करना शुरू कर देंगे, तो वे कई आदर्श और संस्थाएँ, जिनसे वे चिपके हुए हैं, बर्बाद हो जाएँगी। उनके साथ सहानुभूति रखनी चाहिए। क्योंकि स्वतंत्र विचार का हर कार्य, स्थिर प्रतीत होने वाले संसार के किसी भाग को संकट में डालता है। लेकिन यह भी उतना ही सत्य है कि संतों पर निर्भरता हमें सत्य को जानने की ओर नहीं ले जा सकती। संत आखिरकार मनुष्य ही हैं और जैसा कि लॉर्ड बाल्फोर ने कहा था, "मानव मस्तिष्क सत्य खोजने वाला उपकरण नहीं है, बल्कि सुअर की थूथन है।" जहाँ तक वे सोचते हैं, मुझे लगता है कि वे हिंदुओं की इस पुरातन सामाजिक संरचना का समर्थन करने के लिए कारण खोजने के लिए अपनी बुद्धि का दुरुपयोग कर रहे हैं। वे इसके सबसे प्रभावशाली समर्थक हैं और इसलिए हिंदुओं के सबसे बड़े दुश्मन हैं।

महात्मा के विपरीत ऐसे हिंदू नेता भी हैं जो केवल विश्वास करने और अनुसरण करने से संतुष्ट नहीं होते। वे अपने विचार के परिणाम के अनुसार सोचने और कार्य करने का साहस करते हैं। लेकिन दुर्भाग्य से वे या तो बेईमान हैं या फिर जब लोगों को सही मार्गदर्शन देने की बात आती है तो उदासीन हैं। लगभग हर ब्राह्मण ने जाति के नियम का उल्लंघन किया है। जो ब्राह्मण ईहो बेचते हैं उनकी संख्या पुरोहिती करने वालों से कहीं ज्यादा है। न केवल ब्राह्मणों ने व्यापार के लिए पुरोहिती का अपना पुश्तैनी पेशा छोड़ दिया है बल्कि वे ऐसे व्यापार में भी उतर गए हैं जो शास्त्रों द्वारा उनके लिए वर्जित हैं। फिर भी कितने ब्राह्मण जो हर रोज जाति तोड़ते हैं, जाति और शास्त्रों के खिलाफ उपदेश देंगे? एक ईमानदार ब्राह्मण जाति और शास्त्रों के विरुद्ध उपदेश देने के लिए, क्योंकि उनकी व्यावहारिक प्रवृत्ति और नैतिक विवेक उनमें विश्वास का समर्थन नहीं कर सकते, ऐसे सैकड़ों लोग हैं जो जाति को तोड़ते हैं और शास्त्रों को प्रतिदिन रौंदते हैं, लेकिन वे जाति के सिद्धांत और शास्त्रों की पवित्रता के सबसे कट्टर समर्थक हैं। यह दोगलापन क्यों? क्योंकि उन्हें लगता है कि यदि जनता को जाति के बंधन से मुक्त कर दिया जाए तो वे एक वर्ग के रूप में ब्राह्मणों की

शक्ति और प्रतिष्ठा के लिए खतरा बन जाएँगे। इस बौद्धिक वर्ग की बेईमानी जो जनता को उनके विचारों के फल से वंचित करती है, सबसे शर्मनाक घटना है।

मैथ्यू अर्नोल्ड के शब्दों में हिंदू "दो दुनियाओं के बीच भटक रहे हैं, एक मृत, दूसरा जन्म लेने में असमर्थष। उन्हें क्या करना चाहिए? जिस महात्मा से वे मार्गदर्शन के लिए अपील करते हैं, वे विचार करने में विश्वास नहीं करते और इसलिए ऐसा कोई मार्गदर्शन नहीं दे सकते जो अनुभव की कसौटी पर खरा उतर सके। जिस बौद्धिक वर्ग से आम जनता मार्गदर्शन की उम्मीद करती है, वह या तो बहुत बेईमान है या फिर उन्हें सही दिशा में शिक्षित करने के प्रति उदासीन है। हम वास्तव में एक बड़ी त्रासदी के साक्षी हैं। इस त्रासदी के सामने हम केवल विलाप कर सकते हैं और कह सकते हैं– हे हिंदुओं, तुम्हारे नेता ऐसे ही हों।